KB202632

에클레시아(교회) 공동체성의 회복과

공존하는 교회 세우기

사역 공동체를 통하여
땅에 충만을 이루도록 하신
불변의 원리

에클레시아(교회) 공동체성의 회복과

공존하는 교회 세우기

허명호·김광영 지음

좋은땅

최영태 목사(승동교회 16대 담임)

『에클레시아(교회) 공동체성의 회복과 공존하는 교회 세우기』제목만 읽어도 하나님의 마음을 흡족하게 하는 교회의 이야기라 생각되어 마음에 감동이 찾아오는 것을 느끼게 되었다. 처음 책의 추천사를 의뢰받았을 때, 스스로 생각하기를, 부족하기도 하고 유명하지도 않은 사람이기에, 귀한 책의 추천사를 써 드리는 것이 누가 되지나 않을까 싶어, 정중히 거절하는 것이 맞겠다고 생각했었다. 그런데 미리 보내 주신 원고를 읽으면서 전하고자 하는 교회의 이야기가 내가 섬기고 있는 승동교회의 이야기와 겹치는 부분이 많아서, 감히 추천의 글을 써 드리기로 마음을 먹게 되었다.

대한민국 땅에 복음이 시작되었던 즈음에 다양한 계층을 동일한 영혼의 무게와 가치로 섬겼던 승동교회의 이야기가, 여전히 이 시대 가운데 인간이면 누구나 누려야 하는 복음으로 말미암는 자유와 평등과 섬김이, 다인교회를 통해 다시 아름답게 써 내려지기를 소망하는 마음으로 추천사를 시작해 본다.

승동교회의 장로님 중에는 박성춘이라는 분이 계셨다. 제대로 된 선명한 사진 한 장을 남기지 않으신 그 시절의 백정으로 장로님이 되신 분이다. 가끔 저는 강단에서 "박성춘 장로님이 백정으로 장로가 되셨을 때 좋기만 하셨을까요?"라는 질문을 던질 때가 있다. 하나님 편에서는 귀한 자녀요. 성도이셨지만. 반상의 사회적인 차등이 당연한 것으로 여겨지던 시절이기에 결코 쉽지 않은 시간을 보냈을 것이다. 그래서 박성춘 장로님은 더욱 그리스도인답게 서기 위해 하나님 앞에서 기도하며 더욱 거룩한 몸부림을 감당해 내셨을 것이다.

그 아들 박서양 선생님은 당시 주권이 빼앗긴 나라를 위해서 자신의 인생을 드린 삶을 살았다. 그는 백정의 아들로 태어나 당시 우리나라 최초의 양의사가 되신 분이다. 자신의 일신만을 생각하면 그동안 백정의 아들 봉출이로서 겪어야 했던 서럽고 서글픈 삶은 자신의 조국에 대해서 나쁜 마음을 가지고, 자신만을 위한 삶을 살도록 만들기에 충분한 이유를 가지게 만들었을 수도 있었다. 그러나 복음을 받은 박서양 선생님은 조선인, 백정, 차별과 서러움 이런 인격적 차등을 넘어서서 거룩한 하나님의 자녀로 성장하게 된다. 그래서 그는 복음을 통해 하나님 나라의 백성으로 사는 길이 무엇인지를 배우고 자신의 마음에 새기게 되었다. 그는 충분히 일신을 위해 살아도 될 삶을, 조국을 위해 바치기로 결정하였다. 독립운동가로서 총을 맞고 부상을 당한 독립군을 치료하고, 의사로서 벌게 된 수익을 무너진 나라의 독립 자금을 대는 등, 섬기는 자의 삶을 선택하였다.

그런 복음으로 말미암는 섬김의 전통이 승동교회에는 여전히 겸손으로 면면히 흐르고 있다. 왕손으로 자신의 말을 끌며 자신에게 복음을 전한 마부에게 훗날 복음을 받고 나서 그를 다시 만나게 되었을 때, 그리스도 안에서 자신보다 선배이며 연배가 높은 분이니 "형님"이라 부르신 왕손이신 목사님! 교회를 위해 자신의 마음과 재산을 아낌없이 드려 믿음의 터전을 마련해 주셨던 장로님들과 성도님들! 주님의 몸 된 교회를 위해 자신의 자리를 걸고 대통령 앞에서 충언을 하신 장로님! 온 맘을 드려 교회를 섬겨 내시고 복음으로 헌신하신 어머니 권사님들! 현재도 그 믿음의 전통은 여전히 계승되어서 맡겨진 일마다 주님의 손과 발이 되어 충성스럽게 섬기시되, 겸손하게 말없이 섬기시는 장로님들이 자리를 지키고 계신다. 그리고 기도의 어머니들은 눈물 흘리며 나라와 교회를 위해 밤낮으로 기도하고 계신다.

다인교회 이야기는 올해로 130년 전에 이 땅에 복음으로 승동교회가 세워지면서, 그 일이 당시의 세상에 얼마나 선한 영향력이었는지를 다시금 떠올리게 만들어 주고 있다. 그런 면에서 부족한 사람에게 추천사를 의뢰하신 김광영 목사님과 다인교회가 주님 편에서 얼마나 귀한 분이며, 복된 교회와 성도님들이신지를 다시금 생각하게 만들어 주었다. 단일민족이라 자부하던 우리나라도 이미 혈과 육으로 하면 다양한 민족이 함께 살아가는 나라가 되었다. 피부색, 다른 문화를 배경으로 살던 분들이 이런저런 사연을 통해 이 땅에서 함께 살아가는 나라가 된 것이다. 그런 면에서 다인교회는 이 시대와 사회 그리고 주님의 교회에 거룩한 담론의 주제를 던지고 있다. 함께 살아가는 교회! 말만 아닌 참으로 사람을 사랑으로 섬기는 교회! 그 교회가 다인교회만 아니라, 승동교회의 옛이야기가 아니라,

지금 여전히 우리 가운데 일하시는 주님이 주인 되신 교회의 이야기가 아닌가 고민하고 생각하게 만들어 주고 있다. 어려운 길 가시지만 의로운 길을 걷는 다인교회 성도님들과 주님의 선한 청지기 되어 겸손으로 섬기는 김광영 목사님께 격려와 감사의 마음을 전하면서 추천사를 정리하려 한다.

끝으로 다인교회의 이야기를 읽게 되실 목사님들과 성도님들의 마음 가운데 바울이 말하는 '복음의 빚진 자' 된 마음이 함께 흘러가길 소망한다. 그래서 우리 곁에 찾아온, 피부색이 다르고, 국적이 다르나 함께 하나님 나라의 백성 된 자격으로 이 땅에 살아가고 있는 수많은 형제, 자매들에게 주님 사랑 전하며 빚진 자된 삶을 살아가는 우리 모두가 되었으면 좋겠다.

김현진 교수(태안 사귐의 공동체 원장, 평택대 신학과 선교학)

『에클레시아(교회) 공동체성의 회복과 공존하는 교회 세우기』는 현재 한국교회와 선교를 위하여 매우 적실한 책이다.

교회의 본질은 그리스도의 피로 하나 된 사랑의 공동체이다. 유대인과 이방인, 종과 자유인, 남자와 여자가 그리스도의 희생적 사랑으로 하나가 되었다. 복음이란 그리스도의 피로 우리의 죄가 용서받고 하나님의 자녀로 구원받은 것만 아니다. 더 나아가서 구원받은 그리스도인들이 온전히 하나가 되었다는 것을 포함한다. 그리스도인에게 있어서 구원은 그 자체가 목적이 아니다. 구원의 최종적인 목적은 구원받은 자들의 완전한 하나 됨이다.

에베소교회의 이방인은 현재의 이주민이라고 볼 수 있다. 선주민인 한국교회의 그리스도인들과 복음을 받아들인 이주민들은 그리스도의 피로 하나 된 공동체이다. 선주민과 이주민이 공존하는 교회는 공동체로서의 교회의 본질을 잘 나타내고 있다.

예수님은 두 가지 선교 방식을 제시하셨다. 첫째로 "서로 사랑하라"는 새 계명을 통한 '구심적 선교' 방식이며, 둘째로는 "땅 끝까지 복음을 선포하라"는 대위임령에 따른 '원심적 선교' 방식이다.

구심적 선교는 그리스도인들의 신실하고 성숙한 삶을 통하여 사람을 끌어당김으로써 사람을 얻는 선교 방식이다. 예수님은 그리스도인들의 하나 된 사랑의 공동체를 통하여 불신자들이 예수님을 믿게 되는 구심적 선교를 말씀하셨다(요 13:34-35; 요 17:21). 서로 사랑하여 그리스도의 몸으로서 하나 됨을 이루는 것은 예수님의 현존을 세상에 나타내기 위한 통로이며 선교의 기반이다. 교회가 실제적인 사랑의 공동체로 살아갈 때 세속 사회는 하나님의 계획을 이해할 수 있고 교회로 이끌릴 수 있다.

원심적 선교는 미전도 종족에게 직접 가서 복음을 전하는 타문화권 선교이다. 선교는 말로 하는 증언, 곧 참되신 하나님이 누구신지, 그리고 하나님이 열방을 구원하기 위해 주 예수 그리스도를 통해 하신 일이 무엇인지 그 진리를 옹호하며 말하는 것을 포함한다.

그러나 그동안의 선교는 땅 끝까지 나가서 복음을 전하는 선교의 범위와 관련하여 주로 원심적 선교에 치중되었다. 한국교회가 이주민들을 사랑으로 포용하는 교회가 될 때 한국교회는 사랑의 공동체로서 교회의 본질을 회복하게 된다. 그럼으로써 한국교회는 이주민들을 흡인력 있게 끌어들이는 구심적 선교를 감당하는 선교적 교회가 될 수 있다. 사랑의 공동체로서의 교회의 본질을 회복하는 것은 선교의 선결 요건이다.

이주민이 중심이 된 교회에는 외국인 근로자들이 모이는 교회, 유학생이 모이는 교회, 난민 그리고 북한 이탈주민이 모이는 교회도 있다. 결혼이주민 중에는 그들만의 언어와 문화를 존중하여 별도로 예배를 드리는 교회도 있다. 그러나 저자는 선주민과 이주민이 함께 이루어져 가는 교회 즉 "공존하는 교회"의 모델을 제시한다. 공존하는 교회란 한 집단이 80%를 넘지 않는 가운데 선주민과 이주민이 같은 공간, 같은 시간대에 같은 언어로 예배를 드리는 교회이다.

그동안 교회의 두 날개는 대그룹과 소그룹이었으나 저자는 대그룹과 소그룹 안에 이주민과 선주민의 두 날개로 날아오르는 교회가 되길 갈망한다.

현재 한국에 들어와 있는 이주민들은 197개국 약 260만 명이다. 언어와 음식과 문화가 다른 타문화권은 선교의 최전선이다. 그러나 타문화인들이 생계를 위해서 한국에 이주해 온 것은 타문화권 선교의 현장이 한국으로 들어온 것과 같다. 해외 타문화권 선교의 자원의 1/10 정도만 국내 이주민 선교에 투자하여도 매우 효과적인 사역이 이루어질 수 있다.

이러한 이주민 선교의 시행이 절실한 가운데 "공존하는 교회"는 이주민 선교공동체로서 매우 적합한 모델이며 이주민 선교에 희망이라고 할 수 있다. 한국교회에서 파송한 타문화권 선교사들이 고령화되고 청년 선교사들의 지원이 감소되고 있는 마당에, 하나님께서 이 땅에 보내 주신 이주민들은 점차적으로 고착화되어 가고 있는 한국 선교의 지평을 새롭게 열어 주는 장이다. "공존하는 교회" 모델은 지역교회의 이주민 선교 방향성을 구체적으로 제시해 주고 있으며, 교회의 본질과 선교의 본질을 함께 회복하게 해 준다.

본서는 다년간 이주민 선교에 헌신한 허명호 선교사님과 다인교회를 개척하여 공존하는 교회의 모델을 직접 세우려 애쓰는 김광영 목사님의 소중한 열매이다. 본서를 기쁨으로 추천한다!

목차

1부

ἐκκλησία(교회) 공동체성의 회복, 이주민과 공존하는 교회 세우기

2부

공존하는 지역교회 세우기

2018년 6월 GMS 선교 20주년 기념 선교대회가 G-Bridge를 주제로 대전 새로남교회(오정호 목사)에서 13개의 선교 영역 발제 중 당시 196개 국가에서 240만 명의 "한국 내 이주민 사역 활성화 방안"을 필자가 발표하면서 『다민족 복음화는 에클레시아(교회) 공동체의 회복으로』란 책을 김현진 박사와 공저로 출판하는 계기가 되었다.

당시 필자는 교회공동체 분야에 세계적 권위자인 태안 사귐의 공동체 원장 김현진 박사(Ph. D.)를 책을 통해 알게 되었다. 필자는 그가 미국 모처에서 특강 중이었던 첫 통화에서 "공동체로서의 교회의 본질과 공동체 선교" 주제의 원고를 주시기로 쾌히 승낙을 받았다. 피차 예수님의 지체 동역자 된 것을 흠뻑 느끼면서 하나님께서 이미 한국 교회 안에 에클레시아 공동체 전문가를 세우셨음이 감격스러웠다.

2011년부터 이주민 이웃들과 공존하는 "다인교회"를 개척하여 인생의 황금기를 에클레시아 공동체의 본질 실행으로 사역과 삶으로 몸부림쳐 온 김광영 목사가 그의 교회 성경 공부 교안『공존하는 교회』와 필자가 김현진 박사와 공저로 출판했던 다민족 복음화는 에클레시아 공동체의 회복으로의 내용이 의미가 상통하여 공저, 출판하기로 합의를 했으나 막상 출판 준비 작업은 예상치 못했던 기술상의 어려운 작업들이 많아 몇 달 고생 끝에 빛을 보게 되었다.

하나님께서 천지 창조 때 부부 공동체의 팀 사역으로 자녀들과 함께 즐겁게 번영하는 원칙을 세우셨다. 그와 같이 사역의 번영도 홀로 번창하는 복을 약속하신 적이 없다. "그들"이란 사역 공동체를 통하여 땅에 충만을 이루도록 하신 불변의 원리를 다시 숙고하면서 홀로 가면 쉽고 간편하지만 외롭고 재미도 없고 번영과는 반대의 길로 자신도 모르게 달리던 습관에서 "그들"에게 복을 주신 팀 사역을 통하여 하나님께서 주시는 신비의 상급(전 4:9~12)이 본서를 통하여 공존하는 교회로 불신 사회와 국가 정의질서까지 신비적 영향력이 더하게 되기를 기도하는 마음이다.

금번 출판 준비 중 필자의 인생사에 비중이 큰, 고향 바로 옆집 종형이 인생 8학년 중반, 소천 20여 일 전, 예수님을 구주로 믿고 기쁨의 신앙고백과 세례받고 성찬에 참여하셨다. 예수님의 지체 공동체가 된 그 이야기를 듣는 필자에게 부친이 20년 전 예수 믿고 얼마 후 소천하셨던 동일한 감격이다. 예수 믿은 후 밤마다 예배당에서 기도로 사셨던 모친 권사님과 "우리 5남매" 가족의 믿음 생활 초기부터 종형 가정을 위한 일생의 기도 응답으로 믿는다. 구하는 자에게 꼭 주시는 하나님께! 감사 찬양, 또 찬양, 할렐루야!

2025년 신년 초, 허명호 선교사(GMS 원로)

필자가 이 땅에 세우고자 하는 교회는 "공존하는 교회"이다. 에베소서 2:22의 표현을 빌리면 "함께 지어져 가는 교회"이다.

그런데 "누구와 함께 교회를 세우느냐?"가 문제이다. 성전을 중심으로 유대인들은 철저하게 이방인을 제외하고 유대인만을 의미했다. 마치 미국독립선언서 '우리는 모든 사람은 평등하게 창조되었으며 창조주에 의해 불가양의 기본권을 부여받았다……생명과 자유와 행복을 추구할 수 있는 권리가 포함되어 있다…"에서 **"우리"는 백인만을 의미**하였다. 이방인의 뜰을 지나 성전의 안뜰에 들어갈 수 있는 사람은 오직 유대인만이 허락되었고, 유대인으로 귀화한 사람조차도 들어갈 수 없었다.

초대교회는 어땠을까? 유대인 그리스도인과 이방인 그리스도인이 하나가 되어 함께 지어져 가야 했다. 하지만 현실은 달랐다. 믿음이라는 공통분모 외에 율법(=할례)을 더 요구했다. '할례를 받는다 = 유대인으로 귀화'를 의미하였다. 그렇게 되면 교회도 유대인으로만 구성된다. 유대인만 들어올 수 있다면 이방인 그리스도인이 설 자리가 없게 되는 것이다.

지금의 우리는 어떠한가? 우리의 현실도 만만치 않다. "한국인만 들어올 수 있습니다"라는 글귀는 없지만, "넘을 수 없는 벽"이 존재한다. 총회통일준비전문위원인 정규재 목사는 최근에 북한 성도들이 모여 예배를 드리면서 기도하고 찬송하는 **"통일된 교회"**가 속속 생기고 있다고 말하면서 **"더는 무질서하고 분열하는 한국교회가 아니라 질서 있게 통합하는 아이콘으로 세워져야 한다"**고 말한다. (이주민사역과 한국교회 GMS. p97)

세상은 빠르게 변하고 있다. 허명호 선교사는 "지금의 현실은 이미 197여 국가에서 온 다민족(다문화) 이주자 260여만 명(단기 거주자와 귀화자 북한이탈주민 포함) 이상이 전국 방방곡곡 도시와 농어촌까지 분포되어 있으며 150여 국가 출신인과 국제결혼을 하고 마을 안에서 함께 살아가고 있다"고 말한다.

지금은, "헬라인에게도" 복음이 전해졌듯 이주민에게도 복음을 전할 수 있는 매우 좋은 환경이 된 것이다. 더 나아가 안디옥교회와 같은 "함께 지어져 가는 교회" 즉 "공존하는 교회"가 필요한 시대가 된 것이다.

이 책 1부 **"다민족 복음화는 ἐκκλησία(에클레시아) 공동체의 회복으로"**의 공동 저자 허명호 선교사는 **사역현장이 된 대한민국과 에클레시아(교회) 공동체성의 본질 회복과 이주민 사역의 새 전략**을 다루고 있다.

2부 **공존하는 지역교회 세우기**에서는 필자가 교회를 개척한 후, 사역현장에서 교회의 본질을 회복하려는 몸부림을 통해 배우고 알게 된 공존하는 교회에 대한 이해를 담고 있다. 필자는 이미 100여 년 전에 변화하는 시대 속에서 이 땅에 양반과 천민이라는 신분의 벽을 허물고 에클레시아(교회)의 **본질을 회복하였던 사무엘 F. 무어 선교사와 그가 세웠던 곤당골교회의 성장 과정을 통해 공존하는 교회가 무엇인지를 말하고 있다.** 또한, 교회는 변하고 있는 지역 환경에서 다문화주의를 넘어선 "공존 그 이상의 공존"을 이루어야 함을 말하고 있다. 더 나아가 식탁교제와 교회의 성장 과정, 에베소서를 중심으로 그리고 성전의 관점에서 성경적인 근거를 제시하고 있다.

3부에서는 **이주민을 바라보는 인식의 변화**로, 교회의 지도자들과 성도들에게 필요한 것이 무엇인지 4가지를 말하고 있다.

공존하는 교회는 "지어져 간다(엡 2:22)"라는 표현처럼 아직도 진행 중이다. 가우디가 설계하고 1882년에 건축을 시작한 유명한 건축물 사그라다 파밀리아(가우디 성당)는 140년째 공사를 하고도 아직 미완이다. 하지만, 그 자체로도 아름다워 전 세계의 사람들을 불러 모으고 있다.

공존하는 교회를 세우려는 다인교회는 지난 몇 년 동안 힘든 시간을 견디어 왔다. 코로나 팬데믹 기간에는 많은 사역을 내려놓아야 했다. 또, 살아남기 위해 구조조정을 했다. 외형은 작고 초라해졌다. 하지만 시간이 지날수록 가야 할 길은 더 분명해졌다. 그러므로 필자는 공존하는 교회는 하나님이 설계하시고 예수님이 시작하셨고 사도와 선지자의 터 위에서 현재에도 공사 중이지만, 그 자체로도 충분히 모자람 없이 아름답다고 확신한다.

그런 의미에서 금번에 출판하게 된『에클레시아(교회) 공동체성의 회복과 공존하는 교회 세우기』를 통해, 독자들이 공존하는 교회를 이 땅에 함께 세우는 동역자로 사역자로 세워지길 간절히 바라고 있다.

그리고 후속으로 구상중인 책이 출판될 쯤에는 섬기고 있는 교회가 한층 더 공존하는 교회로서의 외형을 갖추게 되길 소망해 본다.

마지막으로 추천사를 기쁜 마음으로 적어 주신 교회공동체 분야의 세계적인 권위자인 김현진 교수님과, 승동교회를 담임(16대)하고 계신 최영태 목사님께 깊은 감사를 드립니다.

산 아래 별이 빛나는 작은 마을
효성동에서
김광영 목사

έκκλησία(교회) 공동체성의 회복, 이주민과 공존하는 교회 세우기

허명호 선교사는 총회세계선교회(GMS) 파송을 받아 나이지리아, 바레인, GMS 본부 국장, 인도 콜인신대, 신대원 ATA 인가 취득 등의 23년 사역 경험을 바탕으로 17년간 국내 선주민 성도가 이주민과 공존하는 사역 중이며, 2015년부터 이주민 사역자를 훈련하는 GMS 승인 다민족 사역 훈련원, LMTC(Local Missionary Training Course)를 설립, 운영 및 김옥희 선교사와 월드 네이버 이주민센터를 사역 중이다.

현, GMS 원로 선교사, 다민족사역훈련원(LMTC, GMS승인) 원장, GMS 다민족사역연합체 설립 위원장, 현, 동(同) 선교연합회 자문(2024년 10월부터 2년간). 한국 이주민 선교 단체 협의회(KIMA/Korea Immigrants Mission Association) 공동 설립 및 공동 대표(2019년 12월~2021년), 현, 고문.『우리의 이웃은 누구인가?』등, 5권 공저.

이주민 사역[1] (선교) 현장이 된 대한민국[2]

대한민국은 장단기 체류 외국인이 2024년 8월 현재, **197 국가에서 2,639,521명**의 타 문화권 이주민이 거주하는 선교지로 변화된 글로컬 사역 현장이다[3] (표 참조) 2017년 기준 세계의 이동 인구는 약 2억 5,800만 명이며[4] UN에서 세계 각국의 이주자 보호 합의문을 작성, 2018년 12월 승인하였다.[5] 우리나라 전국 도시와 농어촌 어디서나 다민족 타 문화권 이주민이 한국인 주민등록을 법적으로 계속 취득 중이다.

---

1) 사역 용어: 본 글에는 성경대로 사역이라 하며 Overseas Ministries Study Center(OMSC) 처럼 선교란 용어를 삭제하므로 공산권이나 무슬림 형제들에게 거부감 없이 친근감 을 주기에 아주 좋다. 2015년 7월 C국에서 이H우 선교사로부터 178명이 갑자기 추방 된 선교계의 대형 사건이 신분상 명칭과 무관할 수 없다.

2) 본 글은 발행인 성남용 "한국선교 KMQ" 2020년 봄호(통권73호), 특집 '전환기의 선 교' 중에서 '선교현장이 된 대한민국'을 금번에 '이주민'을 제목에 추가하는 등 일부를 Update 한 것이다.

3) 글로컬은 Global과 Local을 합성, 세계화와 지역화가 자국의 일터에서 진행되는 경 제 용어로 자국에서 타 문화권 사람에게 사역하는 국제화 시대라는 뜻이다. Sadiri Joy Tira/ Tetsu nao Yamam ort 편저 문창선 역, 디아스포라 선교학. p.34, 791. & 지 식 백과.

4) 박영실 외, 이주 상태별 세분화된 데이터 생산을 위한 제언, 통계 연구 (2018) 제23권 2호, p.50

5) iom.or.kr International Organization for Migration, 홈페이지 GCM 참조.

65세의 레슬리 뉴비긴(Le sslie New big in)이[6] 35년간의 인도 선교에서 은퇴하고 1974년 영국으로 귀국했을 때, 선교사로 떠나던 예전과는 달리 영국인들의 "복음에 대한 차가운 멸시"로 힌두교나 무슬림 못지않게 힘들었다[7]란 회고처럼 **현재, 한국도 영국과 비슷하나 목회자와 교회의 이주민 사역으로 최근 교회의 침체에서 앞으로 벗어날 좋은 기회이다. 이주민 사역은 피차 사활(死活)이 걸린 과제이다.**

다민족 이주자 : 유엔은 "1년 이상 의도적 국제 이주자"를 이민으로 정의했고, 영구적 이동뿐만 아니라 일시 취업 '이주노동'도 포함했다(유길상 외, 2005).[8] 본 글에서는 다민족 이주자 등으로 혼용하였고, 등록외국인 수에 단기 체류자는 제외이다.

전국 252 시군구 전역이 글로컬(Glocal) 이주민 사역 현장이다.

---

6) 1909년 12월 8일 영국에서 출생, 1931년 퀸즈대학 졸업, 당시 "이 시대 안에 세계 복음화" 비전으로 1936년 에딘버러 장로교단의 선교사로 인도에 파송. 김춘곤, 호남신대 2012 석사 논문. pp. 6-9.
7) 레슬리 뉴비긴(허성식 역), 『다원주의 사회에서의 복음1』, Ivp, 2007, pp. 395-396.
8) 연구 보고서 2009-34-1 이삼식 외, 『다문화 가족의 증가가 인구의 양적 질적 수준에 미치는 영향』, 한국 보건사회 연구원, 2009, p. 19.

197국 이주민 2,639,521명. 국적별 장단기 체류외국인 현황 : OIC국 *(표)

아시아 (OIC 소속 26국)		아프라카 55국가		26,663		
44국가	2,255,610	OIC(이슬람연맹) 소속 27국가		15,084	명	
한국계중국인	638,229	비 OIC 28국가		11,579		
중국 계 979,075	330,080	No	아프리카 30국	25,831	25국인인 계	832
홍콩,마카오 등	10,766	1	남아공	4,990	마다가스카르	69
베트남	313,445	2	이집트*	3,212	부르키나파소*	65
타이	189,476	3	나이지리아*	2,907	토고*	58
우즈베키스탄*	91,925	4	모로코*	2,005	콩고	42
네팔	71,891	5	가나	1,588	보츠와나	41
필리핀	66,761	6	에티오피아	1,502	모리셔스	36
캄보디아	64,766	7	리비아*	991	남수단공화국	35
인도네시아*	62,625	8	카메룬*	842	소말리아*	30
일본	60,236	9	튀니지*	786	베냉*	26
몽골	54,166	10	케냐	724	중앙아프리카	21
미얀마	51,082	11	우간다	677	에스와티니	21
카자흐스탄*	45,662	12	탄자니아*	637	모리타니	17
타이완	40,326	13	알제리*	586	기니비사우*	16
스리랑카	34,740	14	르완다	585	니제르*	14
방글라데시*	29,765	15	부룬디	543	에리트레아	13
파키스탄*	18,086	16	라이베리아	537	레소토	12
인도	17,540	17	콩고민주공화	365	적도기니	10
키르기즈*	11,399	18	수단*	361	나미비아	9
말레이시아*	10,851	19	세네갈*	326	차드	7
라오스	10,388	20	코트디부아르*	257	자이르	7
싱가포르	6,746	21	말리*	257	코모로*	5
튀르키예*	4,915	22	기니*	253	지부티*	4
티모르 공화국	4,336	23	짐바브웨	156	카보베르데	3
타지키스탄*	2,734	24	감비아*	124	세이셸	2
이란*	2,311	25	앙골라	123	상투메프린시페	2
시리아*	1,922	26	잠비아	119	기타(추정*M)	267
사우디*	1,413	27	시에라리온*	116		
예멘공화국*	1,231	28	가봉*	111		
투르크메니스*	1,148	29	모잠비크*	78		
아프가니스탄*	953	30	말라위*	73		
이라크*	743	31	30국 계	25,831	25국 인 +기타	832
요르단*	703	32	한국계 러시안	36,101	아제르바이잔* 575명	
이스라엘	587	33	러시아 연방	35,004	알바니아* 62명	
아랍에미리트*	568	34	아시아 이주민	인원		
쿠웨이트*	338	35	키프로스	61	아시아 26국M* 289,935명	
브루나이*	185	36	부탄	53	18국 1,965,675명	
오만*	110	37	바레인*	34		
카타르*	108	38	몰디브*	22		
팔레스타인*	107	39	아시아 4개국 계	170	2024년 8월	
레바논*	77	40	아시아 44개국 이주민		외국인정책본부	
40개국 이주민	2,255,440		2,255,610명		자료 재 편집 MH	

2024년 6월, 대한민국에는 국민 배우자가 156개국 출신자 176,198명이다. [9] 최소 4인 가족이면 704,792명이다. 북한이탈주민 33,000명 등 모두가 다문화사회화 현상이다. 2024년 8월, 1991년 이후 혼인귀화자 누계가 251,445명이다. [10] 2016년에 이미 143개국인과 결혼, 자녀는 110개국가인이었고 귀화 수가 20만 명을 넘었고[11] 2018년 12월 다문화 가구 수가 334,856가구이고 그 출생 자녀가 61만 명을 넘었다. [12]

1983년 인구 대체 수준 출산율 2.1명 미만, 2018년 1.0 미만, 2020년은 출생자보다 사망자 수가 많은 자연 감소(dead-cross), 2022년 0.778명이다. [13] 불신자나 성도, 보수 진보가 똑같은 인구 감소의 부끄러운 세속화의 자화상은 때늦은 회개 외엔 할 말이 없다. 여하간 한국교회는 기존 성도와는 다른 다양한 타문화 종족이 새 이웃으로 정착되는 특수 사역지(事役地)로 최근 30년간 급속한 변화가 계속되는 중이며 이주민 사역의 숙련성이나 현실 대응에는 여전히 미흡하다. [14]

---

9) 출입국정책본부 통계 2024년 6월 호 이하 통계 자료는 8월호이다. **(2024 8월 통계(재편집) 아시아 44 + 아프리카 55 + 유럽 3국가= 102개국)**
10) 출입국 외국인 정책 통계 2024년 8월호 p. 41(하단 각주)
11) KMQ 2016년 가을호 허명호, 새 선교지 이주자와 사역, pp. 109-110. 중앙일보 2019년 12월 30일.
12) 대전일보 2019년 11월 6일 다문화 시대 맞게 사회적 인식도 개선돼야, 기사 참조. 인천 11,682명.
13) 2024. 1. 6. 복지부 포럼, 이소영, 황남희, 장인수, 인구 정책의 전망과 과제. pp. 64-65. https://repository.kihasa.re.kr/bitstream/201002/44324/1/2024.01. No. 327.06.pdf
14) 허명호 새 선교지. & 동일한 조선족이나 유학생, 노동자 사역은 한국에서와 현지에서는 각기 달라야 하는 것이 타 문화권 새 종족 사역이다. 전통 목회+새 종족 목양 사역은 추가 준비 필수이다.

국내 이주민 사역은 한국어로 하며, 현지어나 영어는 보조역이 될 수 있다. 전국 어디서나 2인팀 사역을 시작할 수 있다.

1) 간결한 한국어 찬양을 신나게 함께하라.
2) 함께 나누는 식사 교제가 끈끈한 이웃으로 연속이 쉽다.
3) 초기에 사영리 전도 기회를 포착하여 예수 영접 후 개인별 미팅 방안을 찾으라.
4) 기회만 되면 즐거이 함께 찬양하라(대부분의 찬송은 정제된 복음이며 설교이다).
5) 요한복음부터 성경을 읽는 개인 QT 생활을 숙련하게 하라. 꾸란에 의문점을 가진 무슬림에게 전도하라. 꾸란은 "너 이전에 성경을 읽은 자들에게 질문하라(꾸란 10:94)"고 했다. 유사한 구절들이 꾸란에 많다(수라 6:92, 21:7, 수라 3:71, 78).

2024년 8월 등록외국인 거주 현황은 전국에 분포되어 있다.[15]
(아래 표는 출입국 정책 본부 표기된 년월 자료임)

계	경기	서울	경남	충남	인천	경북
	452,345	249,801	96,854	93,867	86,210	75,349
전국 등록 외국인	전남	부산	충북	전북	대구	제주
거주지 및 인원	55,230	51,805	54,769	45,668	34,561	27,049
1,437,286	광주	울산	강원	대전	세종	
	25,997	26,641	30,709	24,561	5,870	

---

15) 전체 체류외국인 중 단기체류외국인과 거소신고 외국인을 제외한 등록외국인의 시·군·구별 거주 현황(불법체류자〈미등록외국인〉 포함) 본 표는 출입국외국인정책 본부 2024년 8월호 pp. 23-25(이하 동일)

2024년 8월 등록외국인 시·군·구별 거주 현황표 1

도	시·군·구	등록외국인	도	시·군·구	등록외국인	도	시·군·구	등록외국인
	소계	30,709		소계	452,345		수원 장안구	7,103
강원 특별자치도	강릉시	3,728	경기도	가평군	1,273	경기도	수원 팔달구	11,789
	고성군	1,863		고양 덕양구	5,488		시흥시	39,347
	동해시	983		고양 일산동	4,571		안산 단원구	37,440
	삼척시	936					안산 상록구	15,195
	속초시	1,535		고양 일산서	3,535		안성시	14,702
	양구군	928		과천시	260		안양 동안구	1,679
	양양군	421		광명시	2,854		안양 만안구	4,893
	영월군	551		광주시	14,352		양주시	9,916
	원주시	4,984		구리시	1,508		양평군	1,701
				군포시	5,839		여주시	4,984
	인제군	1,129		김포시	24,619		연천군	1,478
	정선군	783		남양주시	8,844		오산시	10,326
	철원군	1,430		동두천시	4,053			
	춘천시	4,713		부천 소사구	11,233		용인 기흥구	4,947
	태백시	488		부천 오정구	3,187		용인 수지구	3,035
	평창군	1,222		부천 원미구	13,681		용인 처인구	11,584
	홍천군	2,256		성남 분당구	2,911		의왕시	1,065
				성남 수정구	10,987		의정부시	6,373
	화천군	560		성남 중원구	2,796			
	횡성군	2,199		수원 권선구	9,883		이천시	10,277
				수원 영통구	8,591			

2024년 8월 등록외국인 시·군·구별 거주 현황표 2

도	시·군·구	등록외국인	도	시·군·구	등록외국인	도	시·군·구	등록외국인
경기도	파주시	15,074	경상북도	봉화군	882	대전시	동구	6,562
	평택시	31,385		상주시	2,651		서구	5,535
	포천시	15,742		성주군	2,457		유성구	7,943
	하남시	2,679		안동시	2,282		중구	1,605
	화성시	49,166		영덕군	1,287		소계	51,805
	소계	96,854		영양군	729	부산시	강서구	6,515
경상남도	거제시	13,505		영주시	1,469		금정구	3,920
	거창군	952		영천시	3,870		기장군	2,669
	고성군	1,838		예천군	783		남구	6,518
	김해시	23,474		울릉군	150		동구	1,823
	남해군	1,014		울진군	1,827		동래구	1,087
	밀양시	4,506		의성군	1,095		부산진구	2,704
	사천시	3,793		청도군	1,082		북구	2,020
	산청군	942		청송군	494		사상구	5,959
	양산시	7,696		칠곡군	5,205		사하구	4,732
	의령군	882		포항시 남구	4,159		서구	2,634
	진주시	5,813		포항시 북구	3,284		수영구	1,700
	창녕군	3,389		소계	25,997		연제구	867
	창원 마산 합포	2,511	광주시	광산구	14,880		영도구	2,350
	창원 마산 회원	2,513		남구	1,620		중구	2,387
	창원시 성산구	4,330		동구	1,798		해운대구	3,920
	창원시 의창구	3,536		북구	5,057		소계	249,801
	창원시 진해구	4,485		서구	2,642	서울시	강남구	5,718
	통영시	4,834		소계	34,561		강동구	4,379
	하동군	774	대구시	군위군	591		강북구	5,320
	함안군	4,421		남구	2,052		강서구	5,854
	함양군	683		달서구	11,640		관악구	16,386
	합천군	963		달성군	7,117		광진구	15,468
	소계	75,349		동구	2,040		구로구	23,026
경상북도	경산시	16,562		북구	5,913		금천구	13,528
	경주시	11,989		서구	2,579		노원구	4,872
	고령군	2,075		수성구	1,695		도봉구	2,688
	구미시	5,968		중구	934		동대문구	18,033
	김천시	3,824	대전시	소계	24,561		동작구	10,658
	문경시	1,225		대덕구	2,916		마포구	10,503

2024년 8월 등록외국인 시·군·구별 거주 현황표 3

도	시·군·구	등록외국인	도	시·군·구	등록외국인	도	시·군·구	등록외국인
서울시	서대문구	13,675	전라남도	나주시	4,594	충청남도	소계	93,867
	서초구	4,597		담양군	1,236		계룡시	284
	성동구	6,927		목포시	4,478		공주시	2,685
	성북구	11,689		무안군	2,366		금산군	3,409
	송파구	6,113		보성군	1,091		논산시	6,480
	양천구	3,324		순천시	2,943		당진시	8,268
	영등포구	22,834		신안군	1,494		보령시	4,585
	용산구	13,151		여수시	7,075		부여군	2,018
	은평구	4,262		영광군	1,258		서산시	5,597
	종로구	10,850		영암군	9,594		서천군	1,924
	중구	10,207		완도군	4,546		아산시	22,287
	중랑구	5,739		장성군	1,237		예산군	3,482
세종	소계	5,870		장흥군	731		천안 동남구	10,499
울산시	소계	26,641		진도군	2,352		천안 서북구	15,003
	남구	4,362		함평군	1,188		청양군	1,185
	동구	9,106		해남군	2,523		태안군	2,430
	북구	2,860		화순군	1,138		홍성군	3,731
	울주군	8,496	전라북도	소계	45,668	충청북도	소계	54,769
	중구	1,817		고창군	2,777		괴산군	1,526
인천시	소계	86,210		군산시	8,945		단양군	570
	강화군	1,146		김제시	3,226		보은군	690
	계양구	3,694		남원시	1,526		영동군	1,301
	남동구	12,987		무주군	1,126		옥천군	1,269
	동구	1,034		부안군	1,356		음성군	13,763
	미추홀구	12,138		순창군	520		제천시	2,570
	부평구	16,496		완주군	4,162		증평군	1,209
	서구	15,430		익산시	6,286		진천군	8,449
	연수구	17,558		임실군	535		청주 상당구	1,367
	옹진군	560		장수군	661		청주 서원구	3,482
	중구	5,167		전주 덕진	5,572		청주 청원구	5,691
전라남도	소계	55,230		전주 완산	4,568		청주 흥덕구	6,683
	강진군	622		정읍시	3,525		충주시	6,199
	고흥군	1,819		진안군	883			
	곡성군	582	제주도	소계	27,049			
	광양시	2,161		서귀포시	9,671			
	구례군	202		제주시	17,378			

국내 다민족 사역의 대략

2013년 5월 GMS 한국 외국인 지부와 총신선교대학원 공동 주관으로 국내이주민 사역의 현재와 미래 포럼 때, 72처(48교회 24단체)가 국제이주자 사역 중인 것으로 응답을 받았다.[16] 같은 해 9월 368처의(이주민 사역단체 포함) 이주민 사역 기초 자료보고서(초교파)가 출판되었다.[17] 현재 GMS 한국 외국인 지부 회원은 32 유니트 48명이다. 초교파적으로 전국교회의 사역 처나 사역자 수는 1천여 곳으로 추산하며, 참여하는 외국인 이주자 현황은 미지수이다.

GMS 다민족 사역 연합체가 2019년 5월에 시작되었고 초교파, 한국이주민선교단체협의회(KIMA)도 동년 12월 26일(오류교회) 창립되었다.[18] 그간 연합의 시도는 많았으나 쉽지 않았다.

대형 교회의 후원과 함께 공존하는 동반 사역 유형

비전교회(윤대진)는 통합 측 주님의 교회(이재철~김화수)와 합동 측 신반포교회(홍문수)의 주일 예배를 마친 성도 중에서 매주 정기적으로 찾아와 봉사하는 인원들과 함께 다민족 예배와 소그룹 양육을 하고 있다. 또 추석 수련회나 해외 귀환자 방문 선교대회 때도 함께 동역하고 있다. 캄보디아, 베트남 사람들을 위해 아시아 리폼드 신학 과정까지 운영하며 졸

---

16) 총회세계선교회(GMS 외국인지부)/총신대학교 선교대학원(허명호, 정규재 편집), 『한국 내 이주민 사역의 현재와 미래』 기독서원, 하늘양식, 2013년 5월 pp. 330-419.
17) 책임 연구원 황홍렬 외, 『이주민 선교 기초 조사 보고서』 꿈꾸는 터, 2013. pp. 105-127.
18) 본 교단 허명호, 서기원 목사 포함 5명의 공동 대표 중(문창선, 허은열) 상임 대표 신상록 목사이다. 영문 표기는 Korea Immigrants Mission Association이며 사무총장 김용태, 부회계 문성주(본교단).

업생을 배출하였다. [19]

선교 단체나 교회의 파송을 받아 이주민 교회(사역) 개척 유형

새소망교회(한동훈), 평택 꽃동산교회(박요한), 서울네이션즈교회(남양규)는 사역자마다 특이성이 있다. 비자발적으로 귀국한 한동훈 목사와 캄보디아에서 사역하고 귀임한 박요한 목사, 선교 단체의 전문성을 바탕으로 이주민 디아스포라와 동반 사역을 일으킨 남양규 목사의 개인 경험이 배경이 되었다.

필자는 GMS 이주민 선교사 신분으로 동인천노회에 속한 아가페교회를 담임하면서 신진화학(문창호 장로)의 지원으로 월드 네이버 이주민 센터 사역을 5년간 병행하던 중 목회는 2014년 2월에 이양하고(현 연수은혜교회) 이주민 센터 사역과 찾아가는 한국인 성도 다민족 사역자 훈련(LMTC) 과정을 GMS의 승인을 받아[20] 2015년 가을부터 11기를 수료하였다(영등포, 포항, 화성, 마장동, 경산, 진량, 대구, 하남 등에서). 코로나 19 이후로 잠시 휴강 중이다. [21]

서대문교회(장봉생)는 인천에 태국인교회(윤윤경)를 개척하였으며 왕

---

19) 기독신문 2018. 09. 28. "이주민, 사역동역자로 적극 세워가라" 기사 참조.
20) LMTC(Local Missionary Training Course)는 주 3시간X12주 강의와 사역 실습 후 수료함.
21) 2007년 이주민 사역을 위해 여주 선교교회를 개척. 한국인 위주로 되어 2년 만에 목회를 이양하고 당시 아가페교회로 부임하면서 요셉의 집, 외국인 센터를 월드 네이버로 명칭 변경, 계속 중이다.

십리교회는 몽골 예배부(민병윤)를 운영하고 있고, 러시아로 파송받았던 김미옥 선교사는 천안제일교회로 귀임하여 LMTC를 담당하고 있다. 러시아(최경아), 베트남(박정철), 방글라데시(이기자), 이스라엘(이인식), 네팔(허인석), 레바논(정명섭), 터키(에스더), 태국(양회형), 인도(조준상) 선교사 등, 그 외 여러분들이 귀국 후 자비량으로 사역하는 중이다.

전통 목회자의 다민족 사역

최고수 목사(공촌교회)는 한국의 전통 목회자로서 몽골인 목회 사역을 하고 있으며, 김광영 목사(다인교회)는 한국인과 다민족 이주민이 공존하는 교회 목양 사역을 하는 중이며 최양호 목사(인천동산교회)도 러시아권 다민족 사역을 하고 있다. 한국인 신자들이 이주민과 주님의 피로 맺어진 부분 공동체 사역으로 성숙되어 상호 약점을 보완하고 장점을 기여할 때 시너지가 생길 것이다.

단체를 통한 사역 유형[22]

전남, 광주 (사)무지개다문화가족(석창원/김소연)에서는 1부 한국인 예배를 마친 후 2부에서 4개국 사람들에게 한국어 사용과 자국어 성경 또는 어플을 사용하고 말씀은 파워포인트를 활용하며 설교한다. 주보를 통해 날마다 집에서 기도와 찬송과 말씀을 묵상하도록 하고 있다.[23]

---

22) 허명호, 김현진, pp. 49-51. & https://youtu.be/lHih_JDYIAk?si=62q_4M5JAm0iWvNG
23) 누구나 실행 가능한 모범이다. 석창원, 외국 이주민 선교/목회 소식지

경남 사천다문화 통합지원센터(이정기)는 9년간 12차례 고국의 149가정에 영상 편지 전달과 영상 미디어, 한국어, 컴퓨터 기능 교육 등으로 사역하고 있고, 2017년부터는 아열대 채소 공심채, 롱빈, 오크라, 고수 등을 1,100평에 실험 재배하여 외국인 근로자의 고향 채소 보급의 길도 닦았다. 2009년부터 이주민 자녀들의 능력과 소질에 따른 "성적향상" 프로그램을 열어 연인원 416명에게 실행했다.

집단사역 취약점 보완과 풀뿌리 팀[24]

집단사역의 가장 큰 취약점

미래에 회집될 인원은 불투명한 반면에 먼저, 장소 마련과 헌신할 인원이 확보되어야 시작되는 단점이 있다. 기존의 집단 사역 형태가 10명~30명, 50명 미만이 태반이다. 그것도 979,075명의 중국인 사역은 여러 지역에서 가능하나 그 외, 베트남(313,445명), 태국(189,476명), 필리핀(66,761명), 일본(60,236명), 캄보디아(64,766명), 몽골(54,166명), 네팔(71,891명), 스리랑카(34,740명), 미얀마(51,082명), 러시아 연방(35,004명, 한국계 러시아 36,101명) 등 10개 국가에서 온 이주민은[25] 수가 많은 편이지만 전국 지역마다 집단 사역하기에는 빈약한 인원이다.

---

24) ITQ는 Information Technology Qualification의 약자, 정보 기술 능력과 활용 능력을 객관적으로 필답 없이 실기만으로 활용 등급화, 지수화, 객관화 수준을 높인 국가공인자격 시험이다.
25) 본 글은 법무부 출입국 외국인 정책 2019년 6월 통계이다.

그 외의 190여 국가에서 온 소수의 이주민 집단사역은 더욱 부적합하다. 그러나 성경의 원리대로 2인 사역 팀은 언제 어디서나 창의적 활동이 쉽고 매우 효과적으로 복음의 진수를 나눌 수 있다. 사역하는 성도나 이주민에게 피차가 복된 사안이다.

한국교회가 복음을 받은 200년(2024년-1885년) 되는 현재, 197여 국가에서 들어온 260여만 이주민 사역 훈련과 실천을 수행한다면 한국 안에 이주민을 자국민 평신도 텐트메이커로 재파송할 수 있다. 이주민이 한국 교회 성도들과 동역하는 생산적 모델 실행이 시급하며 절실하다. 이는 이주민 사역으로 세계선교의 못자리판 모델이 될 것이다. 개교회 성장을 넘어 하나님의 나라 중심으로 개발할 사역이다.

극소 팀 사역으로 시작하자

세계 인구 77억의 번성은 하나님께서 아담 부부 "그들"이란 팀에게 복을 주심으로 시작되었다. 이는 조물주의 창조 원칙이 극소 팀에서 충만, 정복하는 전제 조건이다(창 1:28). 부부나 2인 사역 팀은(막 6:7, 눅 10:1) 형식상 팀이 아닌 진정한 "합심" 기도(마 18:19)와 함께, 팀이 되기 위해 날마다 죽는(고전 15:31) '수고'가 둘이 서로 다른 DNA로 인한 갈등을 극복하고 하나님의 상(賞)을 보장받는다.

반면에 홀로 가다 넘어져 일으킬 팀원이 없는 자에게는 "화(禍)"가 있음도 "그들"에게 복을 주시는 창조주의 법칙을 외면한 자기중심의 홀로에 대한 하나님의 벌칙이다(전 4:9~12, 박윤선 주석).

또 하나님을 외면하고 인간의 합심으로만 성취할 때는 하나님의 징계나 화가 면제될 수 없다(행 5:1~11, 행 1:18, 눅 23:12). 인간은 사역이 확장될수록 하나님을 떠날 위험이 증폭된다. 수고의 상을 모르고 상호 간의 차이로 인한 갈등이나 다툼 거리는 "피차 가르치며 권면"함으로 개발시켜야 한다. "무슨 일을 하든지 마음을 다하여 주께 하듯" 서로 실행할 때 "기업의 상(賞)"이 약속되었다(골 3:16, 23~24, 창 1:28). 팀 사역으로 약속된 복은 죽을 때까지 변치 않는 하나님의 불변 법칙이다.

극소수의 이슬람권 내 기독교인 출신이나 상반된 태생적 무슬림, 중앙아시아 이슬람권 고려인 교포나 중국 교포, 북한이탈주민 등은 각기 다른 특징을 지니고 있다. "새 포도주는 새 부대"에 넣기에 가장 적합한 사역은 박해자, 대 로마 제국을 복음으로 정복하였던 **주후 313년 이전의 ἐκκλησία(교회)였다.** 그들은 무늬만이 아닌 진실한 합심 기도와 우리(성삼위) 안에 있게 하사(요 17:21-22, 마 18:20) 내게(예수님) 주신 영광을 내가 "그들에게 주었사오니"라는 예수님의 기도가 그대로 실행되었던 교회였다. 다민족 사역으로 이를 복원해야 함은 한국교회의 본질 회복의 계기이며 피차 복된 자원이기 때문이다.

이주민 사역도 복음을 공유하기 위해 낮은 단계의 영적 입양으로 할 수 있다.[26] 즉 Jonathan Bonk 박사가 문화와 언어가 전혀 다른 자녀들을 거

---

26) 낮은 단계의 입양이란 실제 입양과 다르게 각각 살면서 영육 간 선한 형제 관계를 의미한다.

느린 난민 가족을 입양한 사례[27]보다는 책임이 적은 유형이다. 감당할 수 있는 선에서 과도한 부담 없이 "함께"할 수 있으면 아름다운 성취가 용이하다.

다문화사회가 통합 아닌 분리로 귀결된 영국 연방 사회에서 한국보다 먼저 경험한 Jonathan Sacks가 저술한 "사회의 재창조"에서는 1) 시골 별장 손님 같은 이주민 사회 2) 호텔 투숙객처럼 마음에 들지 않으면 언제나 떠나갈 유행 3) 고향으로서의 사회처럼 자기 터전을 건설하는 주인으로 마을 사람들과 참된 관계를 맺고 역동적으로 살며 서로 다를수록 함께 만들어 갈 사회가 소개되었다. **그는 더욱 풍요로워지고 상호 간의 차이는 분리가 아닌 기여의 관점에서 동화 없는 통합의 사회를 주창했다.**[28]

풀뿌리 형 2인 팀(혹은 3인)과 숲의 Vision

한국에서 다민족 사역은 한국어를 기본으로 전국적인 평신도 자비량 사역자 숲(수풀) 안(案)이다. 필자가 베트남 및 캄보디아 인과 각각 성경 공부를 인도했던 경험은 한국어 성경과 자국어 성경을 수강자에게 읽게 하면서 진행했다. 그들에게는 한국어 성경 공부가 한국말을 생활에 적용하는 훈련도 된다. 다민족 글로컬 시대에 부합한 평신도 만인 선교사(제사장) 실현은 극소팀일수록 유리하다.

---

27) Executive Director Emeritus, (Overseas Ministries Study Center 명예실행위원장).
28) 조선일보 2009. 06. 20, "함께 사는 법을 고민하자" 기사 참조 & 조너선 색스 저, 서대경 역, 말글빛냄. 2009년. 알라딘 책 소개 및 독후감, 논평 등 참조.

한국어와 스마트 폰으로 통번역을 겸한 진지한 소통이 용이하다. 실제로 유창한 대화가 마음에 끼치는 영향은 7%밖에 안 된다. 반면에 언어에 담긴 감정이 끼치는 영향은 38%이며, 비언어적 표현이 주는 영향은 55%나 된다.[29] 다민족 사역을 집단으로만 수행하는 고정 관념에서 2-3인 팀 사역으로 생각만 전환하면 전국 65,000교회가 부담 없이 197국가에서 들어온 이주민 사역에 앞설 수 있다.

대한민국 영토 내에 찾아온 200여 개 국가 260여만의 국제 이주자는 보이지 않는 선교적 가치가 무한하다. 말레이시아 한인 선교 50주년 기념 포럼 때 GPTC 박종승 원장이 GP 선교사 4인 기준, 한 가정이 훈련, 파송 받아서 4년간 쓰는 사역 경비를 1억 2천만~1억 5천만 원으로 산출하였다.[30] 돈으로는 환산할 수 없겠지만, **국내 평신도 부부가 4년간 국제 이주자 한 명이라도 양육하여 열매를 맺는다면** 1억 원 이상의 선교 헌금보다 큰 가치의 사역이 아닌가?

영적 갓난아기에게 모유를 먹이듯 천하보다 귀한 한 영혼 구원과 성숙에 사명을 두고 다민족 이주자 사역에 목회자와 평신도가 사역을 일구면 "음부의 권세가 이기지" 못하는 각기 자민족 ἐκκλησία(교회)가 시군구마다 풀뿌리처럼 세워질 것이다. "머리 둘 곳" 없었던 예수님처럼 자비량하는 평신도, 만인 선교사 사역 현장이 될 것이다.

---

29) 두상달, 김영숙, 『아침 키스가 연봉을 높인다』, 가정문화원, 2013. 5. 19(11판), p. 109.
30) 김활영 발제, "한국교회의 돈 선교 과연 이대로 좋은가?", 2015년 7월 22일, KMQ 포럼 삼광교회.

한국인이 앞장선 다민족 교회 공동체로 하나 되는 노력을 반대할 이유가 없다. 이주민 입장뿐만 아니라 한국인 사역자 편에서도 화목하게 진행되어야 한다. 새 포도주가 담긴 새 부대가 터지지 않기 위해서는 **피차 가르치며 권면하고** 성령님의 인도를 받는 수밖에 없다. 한국의 무선 통신과 대중교통의 전국적 완비는 디아스포라 자치 유형이든 선주민(한국인)과 다민족 통합이든 한두 종족에 대한 세계선교의 플랫폼 역할까지 어느 개발이든 가능하다.

지나친 집단사역으로 260여만 명으로 추산되는 이주자가 한국교회의 큰 숲속에서 누락되는 실책을 방지하며 "그들"까지 영적 재생산 동역자로 함께하도록 교회마다 복음 사역 실천의 몸부림과 영적 회심이 진지하게 일어나야 한다. 예수님의 부활 승천 후 성령의 교통이 왕성했던 초대교회에 있었던 5대 특징들이 모든 평신도와 사역자들에게 나타나야만 한다.

1. 부활 신앙.
2. 합심 기도.
3. 일방적 가르침이 아닌 "피차" 가르치며 권면 실행.
4. 사죄받은 확신과 성령으로 기뻐하는 삶이 보이고 있는가?
5. 하나님을 찬미하는 삶의 실행이 현대판 사도행전이 아니겠는가?

무슬림을 포함한 이교도에게 없는 초대교회 성도들의 5대 영적 장비			
2인 이상 사역팀	1인 이상 국제 이주자	1	예수님의 부활이 나의 부활이다(요 11:25)
		2	인격적 기도(마 18:19-20) 두 사람 합심 → 내 아버지께서 저희를 위해 이루심 두세 사람 합심 → 나(예수)도 그들 중에 함께
		3	랍비/지도자라 칭함 받지 말라. 다 형제다. 피차 가르치며 권면. 주 예수 이름으로 그를 힘입은 감사(마 23:8-13, 골 3:6-17)
동반자 팀 재생산 팀		4	사죄의 확신과 성령으로 기뻐하는 삶(요 1:12, 요1서 1:9, 엡 2:1, 골 1:13, 행 2:46, 행 8:8, 행 11:52, 고후 7:4, 롬 14:17, 갈 5:23)
		5	하나님을 찬미하는 삶(행 2:47) 내가 하루 일곱 번씩 주를 찬양하나이다 주의 법을 사랑하는 자에게는 큰 평안(시 119:164-165)

소그룹 개척 사례: 숲(SOOP)은 School Of Organic Planters의 약자로, 교회를 진정한 그리스도의 몸으로 세우려는 유기적 개척자 훈련 학교이다. 이는 김종일 목사의 찾아가는 극소팀 성경 공부에서 시작, 발전되었다. [31)

2019년 5월 GMS 다민족 사역 훈련원 제11기 영등포 훈련 때의 강의 한 부분을 아래에 필자 나름대로 재구성해 보았다.

---

31) 기독신문 2019. 01. 21., "유기체적 선교공동체로 DNA 바꿔야 산다" 기사 참조 외

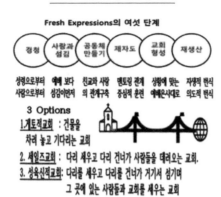

표: 새로운 교회의 존재 양식

어느 블로그에 "성경 공부 인도에 은사가 좀 있는 것 같다"고 글을 올렸는데, 이를 보고 연락한 한 자매와 그 친구 서너 명에게 성경 공부 교사로 초대를 받아 갔다. 한국 서민의 골방에서 어색한 첫 성경 공부로 시작되어 사도행전 시대의 말씀과 성령의 역사가 21세기 서울의 또 다른 불면식 골방으로, 전혀 다른 유형의 판자촌 이웃집으로, 성남의 또 다른 다가구 주택 옥상으로, 2-3인(+a) 그룹 교회가 풀뿌리처럼 뻗어 숲이라는 학위를 안 주는 개척교회 학교가 생산되었다. 자비량 다민족 사역자 훈련에도 적용하면 된다.

한 주간에 많이 찾아갈 때는 15곳 전후였다. 적어도 50명 이상 70여 명을 목양하는 사역이다. 찾아오게 하던 유형과는 달랐다. 표는[32] "새로운 교회의 존재 양식"의 한 부분이다. 다민족 자치 교회나 혹은 이주민을 타

---

32) 새로운 교회의 존재 양식 포럼(한미준 21, 미래목회포럼 대표 정진성, KWMA 공동 주최), 2019.7.2. 분당 할렐루야교회. 교안 p.4.

자화하지 않고 함께하는 성숙한 공존을 이루려는 김광영 목사의 다인교회처럼[33] 하나님의 나라 중심으로 소, 중, 대형 교회가 평신도 2~3인 팀을 훈련하여 삶의 터전에서 타 문화권 이웃과 동역을 실천하는 선교적 교회로 가꾸자는 것이다.

접속 및 사역단계와 결과	개교회 맞춤 사역자 훈련	기존교회 내 풀뿌리팀 훈련
	지역 목회자 + 성도 사역팀 + 이주자 전문사역 팀의 자료생산 〈목회자 + 전문팀〉	접속 동반자 팀 훈련 생산 후 → 자체 재생산 〈원주민과 통합형/ 다이스포라 자치형/인근 이양형〉
개교회 중심이 아닌, 하나님의 나라 사역훈련/교육/실천		

교역자의 경우 10여 처의 찾아가는 풀뿌리 사역이 형성되면 노회에 하나의 풀뿌리형 지역 교회로 행정적인 가입도 가능할 것으로 사료된다.

마지막으로 언어권별 원어민 전문 순회 사역자를 파송하여 전국의 풀뿌리 다민족 팀에서 생산된 새신자에게 모태어로 복음을 풍성히 나누게하자! 자민족 디아스포라 SNS의 연결망을 넓히면서 200여 국가의 자기 민족 복음화를 위한 BRIDGE(架橋)의 산실(産室)이 되게 하자!

---

33) 김광영 공존(共存) 그 이상의 공존 -현실적 이유와 성경적 근거- 2019, pp. 5-6. 인천 서구 다인교회는 AD 313년 이전의 에클레시아 공동체 정신 회복 비전으로 선주민과 이주민이 공존하는 목양 이론과 실천편(각 A4 70여 페이지)을 집필(비매품) 사용 중이다.

나가는 말

풀뿌리형 2~3인 사역 공동체나 부부 공동체 팀은 "그들도 다 하나가 되어 우리 안에 있게 하사 세상으로 아버지께서 나를 보내신 것을 믿게 하옵소서 내게 주신 영광을 내가 그들에게 주었사오니 이는 우리가 하나 된 것같이 그들도 하나 되게 하려 함이니이다(요 17:21-22)"라고 하신 예수님의 기도를 믿음으로 실행해야 한다.

그들의 팀이 합심하여 "무엇이든지 구하면 … 내 아버지께서 저희를 위하여 이루게" 하시고 예수님께서 함께하신다. 이는 기존 집단사역의 유지, 발전에도 필수적인 요소이다. 동시에 극소수 다민족 이웃과 태생적 무슬림까지도 "새 포주는 새 부대"에 넣는 부합된 사역이며 순수한 초대 교회 본질 회복의 활력소이자 실행하지 않으면 안 되는 주제이다. 한국교회 성도들은 약간의 다민족 사역 훈련만 추가하면 누구나 훌륭한 글로컬 타 문화권 사역자가 될 것이다.

2-3인(+a) 팀 사역은 머리 되신 예수님께 연합된 유기적 공동체로 삼위 하나님 안에서 함께 움직이는 하나님의 나라 공동체를 지향하는 것이다. ἐκκλησία(교회)의 본질 회복 선행이 다민족 사역의 발전 열쇠이다. KMQ

ἐκκλησία(교회) 본질 회복과 이주민 사역의 새 전략[34]

다민족 복음(이주민) 사역의 새 전략 에클레시아성 적극적용

무선 통신망의 사용으로 세계화(Globalization)에 가속도가 붙었다. 국가 간에 존재하던 상품, 자본, 노동, 정보 등의 장벽이 제거되고 세계가 거대한 단일시장으로 통합돼 가는, 이른바 '국경 없는 세계'를 향해 나아가고 있다. 물론 유럽연합처럼 모든 국가 경제가 단일경제로 통합되는 법적 국제화는 요원하다. 그러나 세계화의 흐름 속에서 국내의 상황도 사탄의 술책이 아니라면 다민족 복음 사역에[35] 걸림이 없는 환경이기에, 다양한 사역 전략이 필요하다.[36]

지금은 앞마당에서 타국인에게 환대를 베풀며 타문화 선교가 가능한 '글로컬(Glocal) 이주자 시대'다. 따라서 선교 지역도 재정의되고 있다. 선교 헌신 예배 때마다 **'보내는 선교사'란 명목으로 기도와 헌금을 하던 시**

---

34) 본 글은 월간목회 2019년 3월호 pp 49-56 게재되었던 글을 일부 업데이트 하였다

35) 필자는 '선교'란 용어보다 '사역'이 성경적이라 본다. 국제단체들이 버린 용어를 숙고해야 한다.

36) 허명호 외 13인 공저, 「우리의 이웃은 누구입니까?」 가리온, 2015, pp. 1-382 외 다수.

대에서 이제는 누구나 이웃이 된 다민족 한 명 이상을 태신자로 품고 그 생명을 위해 직접 사역할 때이다.

우리는 서로 다른 언어가 더 이상 장벽이 아닌 시대를 살고 있다

플레이 스토어(Play Store, 스마트폰의 콘텐츠 구매 프로그램)에서 비전 트립(Vision Trip) 애플리케이션을 검색하여 스마트폰에 다운받으면 타민 족에게 유창한 현지어로 사영리 복음을 전할 수 있다. 이미 시중에는 한 국어와 외국어가 병기 및 대조된 성경공부 교안들이 많이 출시되었고 AI 통역 기능이 휴대폰에 탑재되어 상용되는 시대를 경험하고 있다.

그러나 이러한 기능적 발전보다 중요한 것은 영적인 나눔이다. 바울의 '너희를 젖으로 먹이(고전 3:2)'는, 사랑의 언어로 심혼 골수에 사무치는 대화[37]는 성육신적이고 영적이며 모성적인 원팀 사역이 구현될 때라야 가능한 영역이며 서툰 외국어 실력을 디지털에 의지하여 복음을 전한다 해도 진지한 소통이 될 것이다. 실제로 유창한 대화가 마음에 끼치는 영 향이 7%밖에 안 되지만 언어에 담긴 감정이 끼치는 영향은 38%이며 비언 어적 표현이 주는 영향은 무려 55%나 된다.[38]

의사가 단 한 번의 실수로 한 생명을 죽음에 이르게 할 수 있다는 위험

---

37) 고린도전서 3:2. GMS 2018 세계선교대회 주제강의(pp. 54-65)를 진행한 조나단 봉크 (Jonathan Bonk) 목사는 2013년 캐나다 난민 수용소의 미얀마인 여성과 세 자녀 및 시에라리온 가족을 입양하여 성육신적 사역 중이다.
38) 두상달 · 김영숙 공저, 「아침 키스가 연봉을 높인다」(제11판), 가정문화원, 2013, p. 109.

성을 늘 의식해야 하듯이, 다민족이 이웃사촌 된 현 상황에서는 그들의 한 생명, 한 인생의 영원한 생사가 우리의 사역 여하에 달려 있음을 막중하게 받아들여야 한다. 땅끝으로부터 우리나라에 온 이들에게 한국에 있는 세계 10대 교회의 거대한 예배당 건물만을 보여 줘서는 안 된다.

'ἐκκλησία(교회)' 교회공동체가 지닌 복음의 진수를 진지하게 나누는 목양이 매우 중요하다. 따라서 목회자를 포함한 평신도에게 다민족 이주민 사역의 적합한 훈련이 필요하다. 그동안 지역교회마다 각종 훈련으로 다듬은 기반 위에 다민족이라는 '새 포도주와 새 부대' 사역을 위한 보완교육과 더불어 국소팀 사역을 추가해야 한다.

이를 통해 ① 글로컬 사역으로 세계선교의 못자리판 역할을 감당하고, ② 이주민을 역파송 사명과 사역으로 선교적 교회 성장 동력이 되게 하며 ③ ἐκκλησία(교회) 공동체성은 물론 무슬림 회심자 재방황을 예방하며, ④ 이슬람과 기독교의 본의가 역전된 '평신도 자비량 사역'을 회복하는 것 등이 필수 과제다.

무엇보다 복음 사역은 두 사람의 합심 기도로 하나님이 리더하시며(마 18:19), 두 사람이 한 사람을 추가했을 때 주께서 함께하신다는 약속은 지금도 불변 진리이다. 이는 성삼위 하나님과 세 사람이 기본적으로 확산되는 ἐκκλησία(교회) 공동체의 본질이다. 전국 교회마다 삼겹줄공동체(전 4:9-10)가 우후죽순처럼 성령과 함께 일어나는 '원팀(One Team)'사역을 염원하며 제안하는 바이다.

다민족 사역 "훈련을 성령과 함께하는 2인 팀" 사역의 필요

우리나라에 체류 및 거주하는 다민족 인구는 1997년만 해도 30만 명에 불과했으나 2024년 9월, 2,689,317명이며 그중에서 1백58개 국가의 외국인들이 한국인과 국제결혼 부부가 43만 196명(가정, 한국주민증 취득자 252,251명 포함)이며 이들은 다양한 새 종족을 출산 및 양육하고 있다. 또한, 학업을 위해 국내에 체류 중인 세계 180여 국가에서 온 26만9천676명의 외국인 유학생들이 있다. (D-2 비자 192,364명, 한국어연수 77,247명, 외국어연수 65명)

이들은 국내 362개 대학, 전문대학, 대학원에서 공부하고 있다. 그리고 전국 1천1백89개 처의 국가산업단지에 한국에서 고용허가제를 실행하는 16개국 노동자들 54만여 명이 우리의 생존경쟁 현장에서 함께 살고 있다. 그런데 이 가운데 종교비자로 입국한 이들도 84개 국가에서 1천7백23명이나 된다. 이들은 우리나라에서 무엇을 하고 있을까? 글로컬(Glocal) 사역이 시급한 현장이다. [39]

---

39) 허명호, 김현진 공저, 「다민족 복음화는 ἐκκλησία(에클레시아) 공동체의 회복으로」, 가리온, 2018, pp. 29-40.

한국 내 다민족 수(단위: 명)
2024년 8월 출입국 외국인 정책본부자료 재가공

구분		인원 수	장단기 계
201 국가 출신 외 기타국인 267명 포함	장기	1,960,164	2,639,521
	단기(90일)	679,357	
중국 968,309, 베트남 313,445, 태국 189,476, 미국 172,091, 우즈베키스탄 91,925, 네팔 71,891, 러시아 71,105, 필리핀 66,761, 캄보디아 64,766 순			
통일부 2024년 9월 : 북한이탈주민은 국내 약 31,393명 거주. 2003~2011년 연간 입국 2천 명 ~3천 명이었으나 2012년 이후 연간 1,300명대로 감소, 2021년, 63명 2022년 67명 입국			
1991-2024년 8월까지 귀화자			251,443
201국가 다민족인 국내 거주 계(북한이탈주민 제외)			2,890,964
홍콩, 마카오 중국에 포함, 영국외지시민은 국가 수 미포함			

이슬람연합(OIC)에 가입한 57개 국가만 살펴보면 나라별로 3명(지부티)에서부터 6만7천1백69명(우즈베키스탄)이며, 이들과 국제결혼 한 후 귀화자를 포함하면 1만2천 명 이상이 된다.[40] 이런 글로컬 배경에는 우리 경제 규모의 괄목할 만한 성장이 그 요인이지만, 무엇보다 국내 저출산으로 인해 국제결혼의 필요성이 증가한 이유도 직결되어 있다.

전국 각처에서 복음으로 함께해야 할 글로컬 결혼 이주민은 울릉도가 12쌍으로 가장 적다. 울릉도의 일반 외국인은 1백51명이다.[41] 그러

---

40) 허명호, 〈국내 이주민 사역의 새로운 방안 연구〉, 「교회와 세계선교」 2018년 통권 제57호, 총신대학교부설 교회선교연구소, pp. 147-148. 우리나라 국민과 이슬람국 출신자의 결혼은 귀화자만 추산할 경우 6천1백82쌍이다.
41) 「경북제일신보」 2018년 6월 1일자 '울릉군 인구 1만 명 회복' 제하의 기사 참조.

나 2018년 9월까지, 전국 시군구에서 아홉 지역만이 결혼 이주민 1백 커플 미만 지역일 뿐(귀화자 미포함) 그 외 지역은 수백 가정이 거주 중이며, 시흥시(3천1백90쌍)와 안산시 단원구(3천1백41쌍)가 가장 높다. 주민증을 취득한 귀화자는 현재 수속 중인 이주자보다 조금 많다. 안산시만 2018년 9월 기준으로 101개 국가인 8만4천65명이 글로컬 인구이고 그중 결혼 이주민은 4천6백85커플이다.

다민족 복음 사역에 추가할 새로운 방안

현재 교회나 단체의 다민족 사역은 언어권별 예배 공동체로 진행된다. 일반적으로 부서나 교회 형태로 모이는 '집단 사역'의 형태다. 보안 과제가 있음에도 실제로 1백8만 명의 중국인 사역은 지역마다 몇몇 곳에서 집단 사역으로 이뤄지고 있다. 그 외의 베트남(19만4천1백3명), 태국(19만3천8백9명), 필리핀(5만8천4백72명), 일본(4만8천7백35명), 캄보디아(4만6천7백14명), 몽골(4만8천4백75명), 네팔(4만45명), 스리랑카(2만5천8백86명), 미얀마(2만7천5백38명), 러시아 연방(5만4천4백25명)[42] 등 10개국도 도시마다 몇몇 교회의 집단 사역이 가능한 나라들이다.

여기에 앞서 언급한 '원팀 사역'을 추가하면 더 많은 민족을 접촉할 수 있다. 외국인 고용허가제가 시행된 16개국 1백86만 8천3백62명(79.96%) 중에 라오스(1천3백50명), 티모르(1천9백40명)와 같은 소수 민족이 있고 이들은 집단 사역이 어렵기 때문이다. 우즈베키스탄, 인도네시아, 방글라

---

42) 2018년 11월 출입국정책본부 자료에 근거한 수치이며 중국인(한국계 포함)은 1백8만1천1백90명이다.

데시, 파키스탄, 키르기스스탄 등의 이슬람권도 원팀 사역이 집단 사역보다 효과적이다. 그 외 181개국 46만8천3백27명(20.04%)도 국적별 소수여서 집단 사역보다는 훈련받은 두 사람의 원팀 사역이 매우 효과적일 수 있다.

특히 태생적 무슬림은 타종교와 접촉 시 측근으로부터 불시에 생명의 위협을 당할 수도 있기에 비공개 사역을 통한 원팀 ἐκκλησία(교회) 형제 공동체로 접근하는 것이 큰 장점이 될 수 있다. 박해자 로마를 복음으로 정복한 사례처럼 대결적 방식이 아닌 대화로 복음의 핵심을 나누는[43] 원팀 훈련을 전국 교회가 준비한다면 다민족이 5백만, 1천만 명이라도 넉넉히 복음으로 감당할 수 있다. 이러한 원팀 사역 방식은 북한이탈주민 사역이나 남북통일 사역에도 매우 유효하다.

이슬람권의 기독교 배경 크리스천 사역자에게 동일 언어권 태생자 무슬림 사역을 맡기는 것보다는 오히려 훈련된 원팀과 동반함이 좋다. 태생적 무슬림이나 조선족, 혹은 북한이탈주민 사역의 경우 대중 속에 얼버무리는 비빔밥식 사역은 양편에 상처만 남길 위험 소지가 크다. 예수께서 친히 성령과 함께 주도하시는 ἐκκλησία(교회) 공동체[44] 원형을 기존 교회 구조 안에 하나님 나라 중심으로 복원해야만 이기적인 죄성과 개교회 위주의 부작용을 넉넉히 용해하며 폭발적 능력을 갖게 된다.

---

43) 김귀영, 〈무슬림 전도 유형과 전도전략(동남아 이슬람 중심)〉에 대한 이승준 논찬, GMS 2018년 총회세계선교대회 강의자료집, pp. 204-229.
44) 마 16:18, 롬 16장, 고전 16:19, 딤전 3:15, 몬 2절, 행 1:13, 12:2.

특별히 자신과 상대를 타자화하지 않고 가르치는 유형과 달리 함께하는[45] 친숙 단계, 즉 개인적이고 친밀한 영적 나눔이 이뤄질 때 성령이 주도하는 ἐκκλησία(교회) 공동체 원형이 된다. 또한 다른 원팀들과 종족별 영적 민감 센스 등을 상호 공유하면 무슬림은 물론 내국인 동성애 이웃까지도 예수공동체 지체로 영입할 전문 사역 자료가 풍부해진다.

성경의 핵심인 ἐκκλησία(교회) 본질 분실의 자가당착을 회복해야!

그렇다면 우리는 왜 ἐκκλησία(교회) 공동체 원형을 복원해야 하는가. 성경을 근거로 그 이유를 찾으면 다음과 같다.

첫째, 성경의 핵심이 ἐκκλησία(교회) 공동체란 근거는 예수님이 ἐκκλησία(교회)의 머리이며 모든 신자가 예수의 각 지체에 연결된 몸이기 때문이다(골 1:18). 구약의 내용은 오실 예수이고 신약은 오신 예수이다. 즉, 신구약 성경의 핵심은 예수 그리스도다. '주는 그리스도시요 살아 계신 하나님의 아들입니다'라는 신앙고백 위에 '내가 내 ἐκκλησία(교회)를 세우리니 음부의 권세가 이기지 못하리라'고 하셨던 그 'ἐκκλησία(삼위 하나님이 중심된 성도의 교통)' 창설이 성경과 기독교의 핵심이다(김현진, 「공동체 신학」, 7쇄 참조).

둘째, ἐκκλησία(교회) 공동체의 분실은 기독교 내의 자가당착에서 비롯되었다. '교회'라는 용어의 근원은 중국에 선교사가 도착한 6세기경

---

45) 김조훈, 〈한국교회 이주민 사역의 문제와 선교적 대안 제시〉, 장로회신학대학교 세계선교대학원 석사논문, 2018, pp. 13-55.

ἐκκλησία를 '敎會'로 오역한 것에서였다. ἐκκλησία는 영어 성경을 기준으로 1백14회 언급되었으나 한 번도 어떤 건물이나 회합을 지칭한 적이 없다. 언제나 서로 어떤 관계있는 사람들을 지칭했다.[46] '交會'라고 번역했어야 옳았다. '交'가 성령의 교제로서의 성경의 관점을 반영해 주기 때문이다. 초기 선교사 때 이미 교제의 의미를 잃어버린 '敎'라는 글자는 유학자들의 우월의식과 어우러진 섬김과 배치되는 제국주의 사고방식이다.

교회와 관계가 깊은 '코이노니아'라는 말도 '호산나', '할렐루야'처럼 원어 그대로 쓰는 편이 옳았다.[47] '코이노니아'라는 동원어(同源語)를 17가지 다른 말로 번역해서 그리스도인들만의 어휘인 공동체 개념이 상실되었다. '성도의 교제'란 사도신경 내용이 실생활에 중요시되지 못한 채 무시되었고, 축도 때 포함되는 '성령의 교통'이 '성령의 감화'라는 용어로 변형되어 개인주의와 공동체성이 없는 개교회주의로 잘못 치달았다.[48] 이를 깨닫고 보니 매우 통한하고 서럽다.

셋째, '코이노니아'는 에덴에서부터 성경 66권을 관통하는 주제다. 구속사의 요체이신 예수가 성전된 자기 육체의(요 2:21) 죽음과 부활로 하나님과 인간의 교제(코이노니아) 망(網)을 완성하셨다. 그를 그리스도시요 살아 계신 하나님의 아들로 믿는 누구나 예수의 몸의 지체이며 성령과 성

---

46) 존 리지웨이, 〈교회: 에클레시아, 오이코스 그리고 큐리아콘에 대한 이해〉, 김요한 편저, 「신령한 오이코스-집안에 임한 하나님나라」 인사이더스, 2017, p.91.
47) 대천덕(토레이), 〈한국교회 공동체의 실패와 회복〉, 「더불어 함께」 제31호, 도서출판 예수원, 1996년 12월 호, pp.11-21.
48) 대천덕, 「기독교는 오늘을 위한 것」(2쇄), 홍성사, 2010, pp.217-221.

52 | 에클레시아(교회) 공동체성의 회복과 공존하는 교회 세우기

도 간의 교제로 연결되는 ἐκκλησία(교회) 공동체이다.[49] 이를 交會라 하지 않고 敎會로 오역한 것이 엄청난 자가당착이었다. 그로 인해 우리는 성도 간의 친밀한 '교제'와는 상반된 '가르침'에 익숙해졌다.

등잔 밑에 글로컬(Glocal) 시대가 펼쳐졌다. 한국교회는 글로컬 자원을 재생산할 기회가 열렸을 때 적극적으로 활용해야 한다. 우리에게 도전해 오는 이슬람화의 바람을 초대형교회나 교단 홀로 막을 수는 없다. 허술해 보이는 무슬림 한 명을 회심시키는 일조차 교회에서 난감해하는 이유는, 이슬람은 그곳에 속한 개인이 임의로 무슬림 공동체에서 탈출하지 못하도록 끈끈하게 묶여 있는 공동체이기 때문이다.

그러므로 우리는 예수께서 세우신 ἐκκλησία의 본질인 '합심 기도하는 두 사람이 성삼위 하나님과 교통하는 세 성도의 교통을 통해' 사역하며 확장해 나가야 할 것이다. 예수께서 죽음으로 세우신 ἐκκλησία(교회) 공동체 본래의 의미대로, 팀을 이룬 둘을 통해 셋이 되는 원팀 사역은 어떤 다민족도 물론이지만, 사역이 난감한 유형의 내국인도 복음으로 넉넉히 수용할 수 있다.

ἐκκλησία(교회) 공동체 회복이 다민족 이웃뿐만이 아닌 모두에게 복음을 성경대로 전할 수 있게 한다. **성삼위 하나님과 교통하는 삼겹줄 예수 공동체를 실현하자.**

---

49) 이방호, 〈성경신학적 코이노니아 연구: 성전을 중심으로〉, 총신대학교 신학대학원 석사논문, 2016, pp. 33-60.

2부

공존하는 지역교회 세우기

김광영 목사는 울산광림교회에서 전도사(2000.4.~2002.8.)로 섬겼다. 풍성교회에서 전임 전도사, 강도사, 그리고 부목사로 섬겼다(2002.8.~2010.12). 2011년 인천시 계양구 효성동에 교회를 개척하여 조선에서의 14년 동안 양반과 백정의 신분의 벽을 넘어 복음으로 그리스도 예수 안에서 곤당골교회를 시작으로 "함께 지어져 가는 교회"를 세운 사무엘 F. 무어 선교사 사역을 이어 이주민 사회로 급변한 한국 교회의 토양에 다양한 문화의 사람들과 "함께 지어져 가는 교회"(엡 2:22)를 세우고 있는 목회자이다.

총신대학교 신학대학원 졸업(M.Div)
웨스트민스터 신학대학원대학교 졸업(Th.M)
다인교회 담임목사(2011 - 현재)

공존하는 교회의 뿌리를 찾아서

양화진으로

한 하나님의 자녀들이 한 방에 있지 않고
따로따로 떨어져 있는 것은 이상한 일입니다

1892년 맥코믹 신학교를 졸업하고 북 장로교회의 한국 선교사로 파송을 받은 사무엘 F. 무어 선교사가 양화진 나루터에 첫발에 내디뎠다. 갑오개혁이 일어나기 2년 전이었다. 당시 많은 선교사는 제물포항(인천광역시 중구 해안에 있었던 조선 시대의 포구)을 통해 육로로 도성까지 왔지만, 사무엘 F. 무어 선교사는 제물포에서 목선을 타고 강화를 거쳐 양화진으로 왔다.

우리가 사무엘 F. 무어(사무엘 포먼 무어, 한국 이름: 모삼열, 1860~1906) 선교사를 찾은 이유는 그가 이 땅에 그리스도 예수 안에서 복음으로 양반과 백정의 신분 질서의 벽을 허물고 공존하는 교회공동체를 세운 것처럼, 이주민과 선주민이 인종과 언어, 그리고 문화의 벽을 넘어 그리스도 예수 안에서 복음으로 공존하는 교회공동체를 세우고 싶기 때문이다.

또한, 단순히 사회개혁 운동가가 아니라, 초대교회로부터 이어져 온 참된 교회 운동을 100년 전 이 땅에 일으킨 준비된 "하나님의 종"이기 때문이다.

양화진외국인선교사묘원(서울시 마포구 합정동 144 일대)에 있는 **그의 묘비(사진)**는 6.25를 겪는 동안 해독이 어려울 정도로 파손되어 있었다. 그의 묘비에는 "그리스도의 충성스런 종"이라는 글귀가 있다. 그는 그리스도의 충성스런 종으로 복음이 추구하는 방향을 가장 잘 교회를 통해 실현시킨 귀한 선교사이다.

훗날 1907년 평양 대부흥 운동을 잇는 길선주 장로는 사무엘 F. 무어 선교사가 세운 승동교회(현 인사동)에 부흥회로 와서 "그리스도가 승리한 복음의 등대"라고 말하였다. 그런 의미에서 사무엘 F. 무어 선교사는 복음을 통해 참된 교회 운동을 이 땅에 100년 전에 일으킨 선구자이다. 이제

그를 만나기 위해 김유경 간사와 사이토 슌스케 집사와 두 번의 예비모임과 자료조사를 마치고 직접 그가 걸었던 그 길로 가 보기로 했다.

　우리는 사무엘 F. 무어 선교사가 배를 타고 도착한 양화진 나루터를 먼저 방문하기로 했다. 합정역에서 7번 출구를 나와 5분 정도 걸으면 양화진외국인선교사묘원에 도착할 수 있다. 입구를 바라보고 왼쪽에는 태극기를 포함하여 7개 나라의 국기가 게양되어 있다. 우리는 입구에서 국기를 바라보며 왜 7개의 국기만 게양되었는지 의문이 생겼다. 묘원 개요를 보면 안장자 출신 국가는 남아프리카공화국을 포함한 15개국이지만 선교사 출신 국가는 7개국(남아프리카공화국, 미국, 스웨덴, 영국, 일본, 캐나다 그리고 호주)이었다. **우리는 7개의 국기(사진)가 조선에 선교사를 보낸 나라임을 알게 되었다.**

그중에는 일본의 국기도 있었는데, 동행한 사이토 슌스케 집사는 양화진외국인선교사묘원에 묻힌 고아의 아버지라 불리는 유일한 일본인 선교사 소다가이치(曾田嘉伊智)라고 말했다. 이곳에 온 김에 그가 묻힌 곳도 보기로 했다.

사무엘 F. 무어 선교사의 묘원은 A-24로 표시된 곳에 있다. 1906년 장티푸스로 제중원에서 눈을 감고 이곳 양화진외국인선교사묘원에 안치되었다. 묘원 앞에 서면 승동교회와 동막교회의 성도들이 세운 기념비가 있다. 첫 사역의 열매이자 마지막 사역의 열매인 두 교회의 성도들이 세운 의미 있는 기념비이다. 그곳에는 조선에서의 14년의 행적이 짧게 기록이 되어 있다.

마침, 아들과 손자와 함께 오신 분도 그곳에 우리와 함께 있었다. 우리는 사무엘 F. 무어 선교사의 이야기를 나누었다. 그는 우리에게 "사무엘 F. 무어 선교사가 세례를 주고 승동교회의 장로가 된 백정 출신 박성춘 장로와 제중원의 의사가 된 박서양에 대해 아느냐?"고 물었다. 그래서, "사무엘 F. 무어 선교사의 14년 행적을 찾아 이곳에 왔다"고 말하니 매우 기뻐하였다. 자신은 "그의 아들과 그의 손자에게 사무엘 F. 무어 선교사를 알려 주고자 왔다"고 한다. 대를 이어 3대까지 사무엘 F. 무어 선교사의 삶이 전해지고 또, 영향을 미치고 있음을 알 수 있었다.

자리를 옮겨 사무엘 F. 무어 선교사와 동시대를 살았고 14년 동안 함께 동역했던 올리버 R. 에비슨 선교사를 찾아 F-44 묘원으로 이동했다. 이곳도 다른 팀이 와 있었다.

그들이 다른 곳으로 자리를 옮긴 후, 우리는 남아 묘비와 안내판에 새겨진 글귀를 자세히 보고서 이곳이 **올리버 R. 에비슨(Avison, Oliver R., 1860~1956) 선교사의 아들과 며느리의 묘원임을 알게 되었다.(사진)** 올리버 R. 에비슨 선교사가 아닌 그의 아들과 며느리가 이곳에 묻히게 된 이유가 궁금해졌다.

올리버 R. 에비슨(Avison, Oliver R., 1860~1956)은 조선에서의 42년 사역을 마무리하고 1935년 은퇴하여 그해 12월 미국으로 돌아가 1956년에 플로리다에서 돌아가신 후 부인과 함께 캐나다 스미스 폴즈의 힐크레스트 묘지에 안장되었다 하지만 부산에서 태어난 넷째 아들 더글러스

B. 에비슨(1893-1954) 선교사는 캐나다 토론토 대학 의학부를 졸업한 후 1920년 의료선교사로 내한하였다. 그는 세브란스병원에서 일하다 캐나다로 귀국했다. 1952년 8월 4일 그의 아버지 올리버 R. 에비슨(Avison, Oliver R., 1860~1956) 선교사보다, 먼저 부름을 받아 벤쿠버에서 별세하였다. 조선에 묻히길 간절히 원하였기에 이곳으로 옮겨 온 것이었다. 그의 아내 캐들린 로슨(Kathleen Isabel Rawson, 1898~1985) 선교사는 밴쿠버에서 별세하여 남편이 있는 한국 땅에 묻히기를 소원하여 이곳에 합장하였다.

참으로 올리버 R. 에비슨 선교사의 가족은 조선을 사랑한 선교사였다. 우리는 숙연한 마음으로 잠시 기도한 후 올리버 R. 에비슨(Avison, Oliver R., 1860~1956) 선교사와 사무엘 F. 무어 선교사와의 관계를 생각해 보았다.

올리버 R. 에비슨 선교사는 우리가 앞으로 보게 될 곤당골교회의 성장 과정에서 중요한 역할을 했다. 백정에서 장로가 된 박성춘을 사무엘 F. 무어 선교사와 이어 주는 다리 역할을 했고 사무엘 F. 무어 선교사가 세운 곤당골교회도 화재로 홍문섯골교회와 합류하여 하나 된 후 성장하다, 1902년 2월 선교사들이 주도하는 서울 시찰회의 결정으로 교회가 폐쇄된 적이 있었다. 이때 올리버 R. 에비슨 선교사가 운영하는 제중원은 그들의 보금자리가 되어 주었다.

이번 자료조사를 통해 제중원은 단순한 의료기관이 아니라 주일예배와 성찬식 그리고 세례까지 베풀 수 있는 완전한 교회공동체였음을 알게 되었다. 한국선교 초기의 선교 보고서나 역사적인 기록을 통해서도 제중원 안에 '은연중에 설립된 미조직 교회'에 대한 자료들을 보게 된다. 이런 의미에서 올리버 R. 에비슨 선교사가 곤당골교회, 홍문섯골교회, 구리개(동현)교회 그리고 승동교회로 잇는 다리 역할을 한 것이다.

자리를 옮겨 옛 양화진 나루터 방향으로 걸었다. 양화진외국인선교사묘원에서 **옛 양화진 나루터로 오는 중간에 관청이 있었던 자리(사진)**를 볼 수 있었다. 이곳이 사람과 물자를 나르는 곳 못지않게 군사적으로 중요한 곳임을 말해 주고 있었다.

어느덧 지금의 절두산 아래로 내려왔다. 2호선 철길이 머리 위로 지나고 양화대교가 바로 앞에 보이는 곳, 이곳에 **과거 양화 나루터였음을 알리는 표지석(사진)**이 있었다.

'아! 이곳이 그가 한강에 첫발을 디딘 곳이겠구나' 제물포에서 강화를 거쳐 이곳 양화진 나루터에 도착한 밤 10시경. 32세 청년이었을 그가 본 조선의 모습은 어떤 모습이었을까? 옛 나루터 표지석을 보며 한 치 앞을 볼 수 없었던 어둠 속에서 조선을 향해 품었을 그의 마음을 생각해 보았다.

몇 년 전 사역에 지쳐 있을 때, 이곳 양화진외국인선교사묘원을 찾았었다. 그때 필자의 가슴을 뛰게 하였던 글귀가 있었다.

한 하나님의 자녀들이 한 방에 있지 않고 따로따로 떨어져 있는 것은
이상한 일입니다(사무엘 F. 무어)

교회는 더욱 온전하게 그리스도에게 바쳐지게 하시고
멸망의 길을 걷는 민중들에게
교회가 무엇인지 알려주는 공동체가 되게 하소서(사무엘 F. 무어)

'다시 볼 수 있을까?'

다인교회는 지난 4년간 생존을 위해 몸부림쳤다. COVID-19는 많은 것
을 바꾸어 놓았다. 하나님의 은혜도 넘쳤지만, 사람이 떠나고 사역은 축
소되고 정들었던 보금자리도 옮기는 등 눈물의 시간도 많았다. **다시 일어
나고 싶었다. 그래서 나의 심장을 뛰게 만들었던 사무엘 F. 무어 선교사를
만나 첫사랑을 회복하기 위해 다시 양화진을 찾아온 것이다.**

양화진외국인선교사묘원을 찾는 분이라면 시간을 내어 기념관을 둘러보길 권한다. 우리는 양화진외국인선교사묘원을 나와 근처에 있는 **"홍성사(사진)"**를 찾았다. 생각보다 작은 건물이었다. "영향력은 건물의 크기와 일치하는 것이 아니다"라고 말해 주는 듯했다.

옛 나루터의 역할은 지금의 도로와 한강의 다리들이 하고 있다. 하지만, 나루터의 본질적인 기능은 변함없이 이어지고 있다. 양화진외국인선교사묘원에도 과거와 현재가 이어지고 있었다. 우리가 사무엘 F. 무어 선교사의 묘원 앞에서 만난 3대는 미래와 연결되어 있었다.

우리는 사무엘 F. 무어 선교사가 이 땅에 세운 교회와 그의 정신을 잇고, 다음 세대에도 알리고자 이곳을 찾았다. 그런 의미에서 사무엘 F. 무어 선교사는 우리를 과거와 현재 그리고 미래를 잇는 나루터 역할을 하고 있다. 그는 지금도 우리의 가슴속에 여전히 살아 있고 앞으로도 그러할 것이다.

곤당골로

사무엘 F. 무어 선교사 부부는 **1892년 9월 19일 화요일 오전에 제물포에 도착한 후,** 그래함 리 목사와 함께 목선을 타고 강화도를 지나, **1892년 9월 21일 밤 10시경 양화진 나루터에 도착했다.** 마중 나온 마포삼열 (Samuel Austin Moffett 馬布三悅, 1864-1939) 선교사가 그들을 맞이해 주었다. 지금도 선교사들은 그곳의 언어를 배우는 과정을 거치는데, 사무엘 F. 무어 선교사는 조선인의 주택가에 집을 얻어 주변 사람들과 교류하며

한글을 익혔다. 그 외에도 마포삼열 선교사의 성경공부반을 인도하는 것을 돕거나, 원두우(元杜尤) 선교사(언더우드 선교사의 한글명)가 시작한 예수교 학당에서 학생을 돌보았다.

우리는 사무엘 F. 무어 선교사가 정착한 곤당골로 향했다. 을지로입구역에서 내려 롯데호텔 방향으로 서울시청을 바라보며 걸어갔다. 얼마 가지 않아 이곳이 **곤당골이었음을 알리는 표지석(사진)**이 나타났다.

1892년 겨울, 사무엘 F. 무어 선교사는 이곳 곤당골에 무료로 운영하는 소학교를 먼저 세웠다. 1900년대의 교육은 소수를 위한 교육이었다. 즉 아이들을 서당에 보낼 여유가 있는 부모를 가진 소수에게만 혜택이 될 뿐이었다(『1900년 조선에 살다』, 제아콤 로버트 무스, 푸른역사, p166) 그런 의미에서 그가 세운 소학교는 어렵고 소외된 사람들이 더욱 관심을 보였을 것이다. 숭실학교와 숭실대학교의 모체가 되었던 1901년에 세워진 평양의 사랑방 학교를 세운 미국 선교사 윌리엄 배어드(한글이름 배위량) 선교사도 한때 이곳에서 교사로 일을 하였었다.

곤당골교회는 1893년 6월[50]에 집을 완공하고 자기 집에서 모임을 가지면서 설립이 되었다. 이곳은 지금의 롯데호텔과 조선호텔의 중간으로 알려져 있다. 원구단(圜丘壇)과 가까운 곳이었다. 사무엘 F. 무어 선교사는 전도할 때 책을 잔뜩 짊어지고 다녔다고 한다. 한글로 된 책을 큰소리로

---

50) 다인교회는 6월 셋째 주일(설립일 6월 18일)에 설립감사예배를 드린다. 그런 의미에서 곤당골교회와의 만남은 필연적인 만남이라는 생각이 든다.

읽으면 호기심으로 사람들이 관심을 가졌다고 한다.

우리는 **롯데호텔 맞은편으로 건너가 어느 골목(사진)**으로 들어갔다. '아마 이곳이 사무엘 F. 무어 선교사가 큰 소리로 책을 읽고 또, 복음을 전했던 곳이 아닐까?' 감리교 목자이자 종교신학자인 제임스 헌틀리의 자료에 따르면 '창설 교인은 16명이고 첫해에 43명의 교인이 모이는 교회로 성장시켰다'고 하니, 한때는 어쩌면 매일 그의 전도의 열정을 느낄 수 있는 외침을 들을 수 있는 골목이었을 것이다.

곤당골에서 교회를 시작하자 많은 하층민이 입교하게 되었다. 하지만 백정에 대한 언급은 박성춘을 만나기 전에는 단 한마디도 언급한 적이 없었다(승동교회 110년사, p93). 이때까지 곤당골교회는 백정 성도는 아직

없었다. 우리는 백정 박성춘과 사무엘 F. 무어 선교사와의 만남이 이루어진 배경을 알고자 도심 가운데 흐르는 청계천을 보며 광교를 지나 그가 살았던 관철동(현재 종로2가 젊음의 거리 일대)으로 이동을 했다.

우리는 이곳 관철동에서 불과 몇 분 거리에 있는 곤당골의 예수 학당에 아들 봉출이를 입학시켜 자식에게는 자신과 같은 삶을 물려주고 싶지 않았던 아버지의 마음을 생각해 보았다. 거리는 얼마 되지 않았지만 수많은 한숨과 눈물로 보낸 시간을 생각해 보면, 가깝고도 먼 거리였으리라!

우리는 이곳 **관철동(사진)**에서 백정 박성춘의 삶을 회고하며 점심도 먹을 겸 박성춘의 후예들을 찾아보기로 했다. 그가 백정으로 가축을 도살하는 일을 했으니 혹시나 "박가네 축산"이 있지 않을까 싶어 간판을 유심히 보았다.

사무엘 F. 무어 선교사는 언제부터 백정에게 복음을 전하려 했을까?

그는 곤당골에서 살아가는 백정의 삶을 눈으로 보고 귀로 들었을 것이다. 특히 봉출이를 데리고 찾아온 아버지 박성춘! 아버지의 삶을 자식에게 물려주고 싶지 않았을 그의 이야기와 사무엘 F. 무어 앞에서 흘렸을 눈물은 사무엘 F. 무어 선교사의 마음을 울렸을 것이다. 운명적인 만남 앞에 하나님의 인도하심을 감지했을 것이라 상상해 보았다.

1894년, 외부적으로 청나라와 일본 사이에 청일전쟁이 일어났다. 내부적으로 조선의 근대화를 위한 갑오개혁(1894.7-1896.2)이 있었다. 홍범 14조를 통해 양반과 평민의 신분을 타파하고 백정과 광대 등 천민의 신분

을 폐지하고 공사노비제도를 없애며 인신매매를 금지하는 법령을 선포하는 등 변화가 일어나고 있었다. 동시에 서민들은 장티푸스로 큰 고통을 당하였다.

관자동(현 관철동)에 사는 박가도 예외가 아니었다. 이때 박가의 아들 봉출이가 곤당골교회에 나가고 있었는데 사무엘 F. 무어 선교사에게 찾아가 울며 "아버지를 살려 달라" 애원을 하였다.

우리는 어쩌면 자식을 위해 사무엘 F. 무어 선교사를 찾아간 아버지가 걸었던 길과 아버지를 위해 아들이 걸었을지도 모르는 **광교(사진) 위에서서 그날의 갈급함과 다급함을 생각해 보았다. 그리고 새로운 시대를 연하나님의 손길을 묵상했다.**

'아! 조선 500년의 철옹성 같았던 신분 질서에 틈이 생기던 그때, 하나님은 교회를 통하여 변화를 일으키고자 준비시킨 것일까!' 백정에게도 복음을 전하기 위해 백정 박성춘과 사무엘 F. 무어 선교사와의 피할 수 없는 운명적인 만남이 전쟁과 개혁 그리고 질병의 소용돌이 속에서 드디어 시작된 것이다.

당시 사무엘 F. 무어 선교사는 올리버 R. 에비슨 선교사가 운영하던 제중원에 자주 말씀을 전하는 등 교류가 있었다. 봉출이로부터 이야기를 듣고 사무엘 F. 무어 선교사는 올리버 R. 에비슨 선교사에게 도움을 요청했다.

죽다 살아난 박성춘은 임금의 옥체를 만지는 그 손으로 자신과 같은 천한 사람의 몸을 만지고 고쳐 준 것이 얼마나 고마웠던지 1894년 봄에 곤당골교회로 출석하게 되었다.

1895년 4월 20일. 이날은 참으로 기쁜 날임과 동시에 가슴 아픈 날이었다. 박성춘이 세례를 받기까지 1년 동안, 자신이 백정임을 숨겨야 했다. 사무엘 F. 무어 선교사로부터 세례를 받은 후, 백정이라는 것이 밝혀지자 교회에서 큰 소동이 일어났다. 양반 신자들은 자신들과 동일한 권리와 의무를 백정도 진다는 것을 용납할 수 없었던 것이다.

사도행전 9:43은 베드로가 욥바에 있는 무두장이 시몬의 집에 머물렀다고 한다. 여기서 무두장이는 동물의 가죽을 가공하는 피혁제조업자다. 유대인들은 전통적으로 우리의 백정과 같은 직업을 가진 무두장이를 기피했다. 하지만 베드로는 사도행전 10장에 고넬료에게 복음을 전했듯이 그의 집에 머물며 복음을 전했다.

그러므로 백정 박성춘이 교회로 나와 세례를 받는 것은 너무나 아름다운 모습이었다. **하지만 이 당시의 사회뿐만 아니라 교회조차도 양반과 백정이 한 하나님의 자녀로 한 교회에서 예배드리는 것은 상상도 할 수 없는 일이기에 "양반들은 백정과 함께 예배를 드릴 수 없다"며 양반 성도가 강력하게 반발하며 교회 출석을 거부했다.**

이때 이 주사라는 사람이 양반들이 앞자리에 앉고 백정들은 뒷자리에 앉게 한다면 다시 출석하겠다고 중재를 해 왔다. 사무엘 F. 무어 선교사는

'혹시 교회에 출석하지 않는 양반들이 교회를 따로 세우거나 아니면 양반 신자들 가운데 어느 한 집에서 예배를 드릴지도 모른다'는 생각을 했다(승동교회 110년사, p95).

하지만 사무엘 F. 무어 선교사는 "한 하나님의 자녀들이 한 방에 있지 않고 따로따로 떨어져 있는 것은 이상한 일입니다"라며 중재안을 거절했다.

결국, 교회는 둘로 나뉘게 되었다. 양반을 중심으로 **홍문섯골교회(현 삼각동 신한은행금융센터 전 조흥은행본점(사진))가 세워졌다.** 교회는 썰렁해졌고 사무엘 F. 무어 선교사와 남은 교인들은 실의에 빠졌었다고 한다(승동교회 110년사, p95).

홍문섯골교회와 곤당골교회는 걸어서 불과 10분 이내의 아주 가까운 곳에 위치해 있었다. 먼 곳도 아닌 가까운 곳에서 한 교회 성도가 둘로 나뉘어 예배를 드리고 있으니 '그럴 만도 하겠구나!'는 생각이 더더욱 들었다.

힘들었던 여정

　필자는 2011년 언어와 인종과 문화를 넘어 진정한 교제를 통해 복음으로 그리스도 안에서 하나의 공동체를 세우고자 9년(2002~2010) 동안 부교역자로 섬겼던 풍성교회의 파송을 받아 교회를 개척했다.

　엘리아스 메데이로스도 "선교적 디아스포라에 속한 지역교회에서 대도시에 있는 교회가 한 민족을 대상으로 교회를 개척하지 말고, 국제적이며 다양한 민족과 다양한 인종이 출석하는 교회, 즉 선교적인 교회를 개척해야 한다(『디아스포라 선교학』, 문창선 역, p287)"고 말하지 않았던가! 허명호 선교사는 "이런 유형의 교회는 성숙되어 상호 약점을 보완하고 장점을 결합할 때 시너지가 생길 것이다(〈한국선교 KMQ〉, 허명호, 73호, p114)"라며 필자가 섬기는 교회를 소개하는 글에 적었다.

　하지만 지역에 있는 교회가 결혼이주민과 가정을 품고 같은 공간에서 언어와 문화의 차이를 이겨 내며 성숙한 교제를 통해 복음으로 하나가 된다는 것은 참으로 힘든 과정임을 나중에야 알게 되었다. 미국교회의 경우 92%가 단일종족교회이고 80%가 단일종족교회에 출석하고 있으며(『다민족 복음화는 에클레시아 공동체의 회복으로』, 허명호·김현진 공저, 가리온, pp27~28), 전체 미국교회의 단 8%만이 다인종교회의 범주에 속하는 (『다문화교회의 원리』, 조지 A. 얀시 지음, 구병옥 옮김, CLC, p21) 현실적인 이유가 이해된다.

개척하여 10년 넘게 건물을 무상으로 사용했음에도 불구하고 재정적인 어려움이 있었다. 때로는 결혼이주민을 위한 한국어 교사가 되기도 하고, 때로는 경제적인 어려움을 겪고 있는 이주여성을 위해 일터를 만들고 일터에서 일하는 일꾼이 되기도 하고 알림장을 제대로 이해하지 못하여 필자 앞에서 울었던 한 엄마를 위해 아이들을 위한 방과 후 교사가 되기도 했다.

무엇보다 목사이기에 한 영혼을 얻기 위해 **스티븐 S. H. 창이 말했듯이 더 큰 공동체의 소속감을 느낄 수 있게 '다문화적인 정체성 이상의 것을 제공하는 복음(『디아스포라 선교학』 문창선 역, p198)'을 전하고자 부단히 노력했다.**

하지만 도움을 받기 위해 오는 사람은 많아도 교회공동체 안으로 들어와 헌신 된 그리스도인이 되는 사람은 찾아보기 힘들었다. 한 교회에 소속되는 것이 아니라 주변에 있는 교회의 행사에 따라 쉽게 옮기는 모습에 절망해야 했다. 지역교회로서 자리를 잡고 성장하기 위해서는 준 종착역은 되어야 했기에 필자는 "왜? 공존하는 교회인가?"에 대한 질문을 하나님 앞에서 해야 했고, 그분과 씨름해야만 했다.

사역하는 동안 많은 사람을 만났다. 예수전도단 외국인 사역 팀을 통해 양은정 선교사와 사이토 슌스케 집사와 그의 아내 김유경 간사(예수전도단의 임팩트 사역)를 만날 수 있게 되었다. 2011년 금요예배를 드리고 있던 어느 날, 아내와 함께 교회로 온 박창재 집사는 찬양으로 지금까지 변함없이 교회를 섬기고 있다.

또 그 당시 현재 진행되고 있는 교회의 사역을 네이버 카페, 페이스북, 카카오스토리 등을 통해 적극적으로 홍보했다. 그 결과 대전에서 사역하던 정욱진 전도사가 아무런 조건 없이 찾아와 5년을 함께 사역했었다. 파키스탄에서 선교사역을 마무리하고 오신 손형도·한영란 선교사 부부와도 5년을 함께 사역했었다.

"만남에는 유효기간이 있다"는 말처럼 시간이 지나 예수전도단의 외국인 사역 팀은 서울지부로 편입되어 올라가고, 협력했던 네팔교회와는 자연스럽게 각자의 길을 걷게 되었다. 이주근로자 쉼터를 섬겼던 슈레쉬 구룽 부부는 네팔을 거쳐 미국에서 신학을 공부하러 떠났다. 얼마 전 졸업을 하고 목사안수를 받았다는 소식을 접했다. COVID-19 이후 양은정 선교사는 부산으로, 정욱진 전도사는 파주로 그리고 손형도 선교사와 한영란 선교사는 각자의 사역을 위해 자신에게 주어진 길을 걸어갔다. 하지만 함께하는 동안 교회의 방향을 정하고 기본적인 골격을 만들 수 있었다.

10년이 조금 넘는 기간이었지만 많은 이별을 하였다. 비자가 만료되어 고향을 돌아간 성도들, 남편을 따라 해외로 다시 나간 성도들을 비롯하여 잠시 만났다 헤어진 얼굴들이 한둘이 아니다. 하지만 헤어짐은 아직 필자에겐 익숙해지지 않았다. 그리고 2021년에서 2024년 사이에는 교회를 두 번이나 옮겨야 했다.

　마음이 답답하고 착잡했다. 그때 찾아간 곳이 양화진외국인선교사묘원이었다. 그때 그곳 전시관에서 운명처럼 사무엘 F. 무어 선교사의 짧은 글 "한 하나님의 자녀들이 한 방에 있지 않고 따로따로 떨어져 있는 것은 이상한 일입니다"를 읽었다. 그 후로, 사무엘 F. 무어 선교사가 세우고자 했던 교회는 어떤 교회였는지를 알아보았다. 그리고, 교회를 세우는 어렵고 힘들었던 여정도 알게 되었다.

구리개의 제중원으로

1895년 4월 20일, 양반 성도들은 백정 성도들과 한 공간에서 분리되지 않으면 함께할 수 없다는 이유로 홍문섯골교회를 세워서 나갔다. 실의에 빠진 시간을 이겨 내고 1895년 가을, 곤당골교회는 세례 교인이 43명으로 늘어나는 등 교인 수가 57명이 되었다. 또한, 홍문섯골교회의 경우 정식적인 교회로 인정을 받지 못한 채, 평신도 중심의 교회로 발전하였다. 비록 양반들이 사회적인 인습에서 백정과 자리를 같이하여 예배를 드릴 수 없다는 이유로 나갔으나 그것은 성경 말씀에 따르는 행위가 아니었다는 이유로 당시 선교사들은 홍문섯골교회를 공적으로 인정하려 하지 않았다. 하지만, 홍문섯골교회는 교회를 담당할 선교사도 없이 2년 8개월간 나름대로 평신도 중심의 교회로 성장하다 1898년 초에 정식적인 교회로 인정을 받게 되었다.

1898년 6월 17일 뜻하지 않게 곤당골교회가 화재로 인해 잿더미가 되었다. 하지만, 이 일로 인해 두 교회가 다시 하나가 될 수 있었다. 1899년 가을 분리된 지 4년 6개월 만의 일이었다. 두 교회가 하나가 되기 전 홍문섯골교회가 정식적인 교회로 인정을 받은 이후의 일이기도 했다. 곤당골교회의 성도들도 화재로 인한 일은 가슴 아픈 일이었지만, 다시 하나의 교회가 된 것이 무척이나 기뻤던 것 같다(승동교회 110년사, p101). **결국 사무엘 F. 무어 선교사는 다시 연합한 홍문섯골교회의 담임목사가 되어 교회를 돌볼 수 있게 된 것이다.**

두 교회가 합친 2년 동안 교회는 성장했다. 매 주일 오후가 되면 홍문섯골교회의 교인들은 제중원에 찾아가 환자들을 위해 찬송과 기도를 드리며 위로했다. **하지만 1901년 11월 28일 사무엘 F. 무어 선교사가 아내 로즈 선교사의 폐결핵으로 미국으로 치료차 잠시 자리를 비우는 동안 또 한번의 시련이 다가왔다.** 사무엘 F. 무어 선교사가 그동안 양반 교인과 백정 교인들의 문제를 잘 봉합해 왔으나 그가 떠나 있는 동안에 그들을 조정할 사람이 없었고 서울시찰회의 간섭이 심해지자 이에 반발하였다. 서울시찰회는 1902년 2월에 세례교인 89명, 원입교인이 150명이었던 홍문섯골교회를 폐쇄하였다.

홍문섯골교회는 훗날 지금의 승동교회가 되었지만, 양반과 백정 성도 사이의 갈등은 계속되었다. 1906년 곽안련 목사의 보고서에 따르면 교인들 간 계급 문제가 상당히 심각하다는 지적을 하며 "백정 문제가 우리 교회에서는 제일 어려운 문제이다. 다시 말하면 어떻게 백정들에게 전도하면서 다른 사람으로 하여금 교회를 떠나지 않도록 하는 문제와 또한, 박씨 형제의 문제를 완전히 해결하기까지는 교회 조직이 잘 안 될 모양이다"라고까지 했다.

교회가 승동(인사동)으로 옮길 시절에도 이 근방에 사는 사람들은 대부분 양반이었는데, 그들 중에 많은 교인은 백정들을 피하느라고 연못골(연동)교회로 옮겨가기도 했고, 1909년에는 일부 양반들을 중심으로 안동교회로 분리되기도 했었다.

우리는 홍문섯골교회가 폐쇄된 후에, 바람막이가 되었던 구리개(동현)에 있는 제중원으로 걸음을 옮겼다. 한때 한국외환은행(현 하나은행)이었고 인터넷에 있는 제중원 표지석을 찾아갔지만, 지금은 흔적도 없었다. 아쉽지만 사진으로나마 옛 표지석 자리(사진)를 남겨 보았다.

구리개 제중원은 단순한 의료기관이 아니라 주일예배와 성찬식 그리고 세례까지 베풀 수 있는 완전한 교회공동체였다. '어쩌면 공유교회의 시작일 수 있겠다'는 생각을 했다. 제중원을 통해 홍문섯골교회의 교인들을 중심으로 세워진 구리개 교회(동현교회라고 불리기도 했으며, 선교사들 사이에서는 중앙교회라 불렀다)와 세브란스병원이 신축된 이후, 따라갔던 성도들이 세운 남대문교회 등 몇 개의 교회가 제중원을 기반으로 세워졌기 때문이다. 이때 구리개교회(동현교회)는 이눌서 선교사(William Davis Reynolds 1867-1951)가 담임목사로 왔고, 훗날 이눌서 선교사의 뒤를 이어 승동교회 3대 담임목사가 된 곽안련 선교사(C. A. Clark 1878-1961)도 전도사로 함께 섬겼다.

한때 **올리버 R. 에비슨 선교사의 사택이 있던 골목을 따라 언덕을 올라 명동성당 방향으로 가다보면 지금의 YMCA 건물이 있는데, 이곳이 그가 살았던 곳으로 추정된다.** (사진) 우리는 사택과 병원을 오가며 응급상황에 바쁘게 움직였을 올리버 R. 에비슨 선교사를 상상해 보았다. 그리고 곤당

골에서 박성춘의 치료를 도와 달라며 이 언덕길을 달렸을 사무엘 F. 무어 선교사도 상상해 보았다. 왕진 가방을 들고 어쩌면 이 땅의 백정에게 복음을 전할 수 있는 하나님이 주신 기회를 잡고자 두 사람이 달렸을 좁았던 이 언덕길이 곤당골교회의 희노애락을 말해 주는 듯했다.

그가 꿈꾸었던 교회

사무엘 F. 무어 선교사가 지키고 세우려던 교회는 어떤 교회일까? 그는 조선이라는 나라에서 양반과 백정이 신분의 벽을 넘어, 그리스도 예수 안에서 복음으로 교회공동체를 통하여 성숙한 공존을 이루어 가길 원했다.

글렌 와그너는 사무엘 F. 무어 선교사의 생각을 잘 대변하는 듯하다. 그는 교회는 위로는 하나님과 관계를 맺고, 아래로는 그리스도의 몸에 속한 성도들끼리 깊은 관계를 맺는 곳이며, 인격적인 관계를 통해 하나님을 영화롭게 하기 위한 존재(『예수님이 원하시는 교회』, 조계광 옮김, p40)라 말했다. 즉 인격적인 교제가 없이 단순히 공간을 달리하고 시간을 달리하는 것으로 충분하지 않다는 것이다.

조지 A. 얀시는 사무엘 F. 무어 선교사가 짊어진 고민을 말하는 듯하다. 그는 오늘날 기독교 지도자들이 맞닥뜨리고 있는 힘든 임무는 단지 다른 인종의 사람들과 어떻게 건물을 나누어 쓸 것인가를 배우는 것보다 진정한 다인종교회의 환경을 만드는 것(『다문화교회의 원리』, 구병옥 옮김, p22)이라 말한다.

폴 우즈는 사무엘 F. 무어 선교사가 곤당골교회 성도들이 어떤 성도들이 되길 바라는지 그 마음을 대변하는 듯하다. 그의 말처럼 **그리스도인이 된다는 것은 다양성을 기대하고 타자와의 교제 안에서 살아가는 것**(『디아스포라 선교학』, 문창선 역, p220)이다. 즉 인종, 언어, 문화 심지어 신분의 다름 때문에 함께하지 않고, 인격적인 교제를 통해 성숙한 공존을 하지 않는 것은 그리스도인답지도 교회답지도 않은 것이다.

하지만, 사무엘 F. 무어 선교사를 찾아와 백정과는 함께할 수 없으니 교회를 나가 중재안(미국의 '짐 크로우(Jim Crow)법'처럼 '분리하되 평등하다(Separate But Equal)')을 낸 이 주사처럼 오늘날 주변의 그리스도인을 만나면 **현실적인 이유를 들어 공존하는 교회에 대해 부정적으로 말하거나 하나의 이상일 뿐이라고 말한다.**

첫째, 사람들은 같은 언어를 사용하는 예배를 더 선호한다
사람들은 불편함을 감수하면서까지 공존하는 교회에 잘 가지 않는다는 것이다. 미국의 경우 1세대 이민자들은 모국의 문화를 유지하길 원했다. 일부 2세대 아시아계 미국인 이민자들은 영어예배를 선호하지만, 여전히 자신의 인종으로 구성된 교회를 원하는 것으로 조사되었다. 하지만 그럼에도 불구하고 공존하는 교회는 미국의 역사상 존재해 왔다. 한국적인 상황은 어떨까? 한국은 단일민족이라는 혈통을 중요하게 여긴 나머지 타문화권의 사람들을 받아들이는 데 어려움을 겪고 있다.

우리 주변에도 이주민을 중심으로 하는 이주민교회들을 심심찮게 볼 수 있다. 하지만 2세대의 자녀들도 미국의 경우와 같을까? 그것은 아니라고 본다. 지금까지 나는 자국어로 드리는 예배를 찾는 사람들을 많이 보아 왔다. 그리고 그분들의 아이들이 언어적인 어려움을 겪고 있어 고민을 상담하는 경우도 보았다. 그리고 어느 순간 엄마 혼자 이주민교회에 나가고 아이는 주변에 있는 교회를 나가든지 아니면 교회를 나가지 않는 경우를 보았다. 필리핀에서 온 크리스틴의 경우는 아이를 위해 주변 교회 어린이 예배에 나갔다가 오후에는 필리핀 예배를 위해 혼자 멀리 떨어진 교회에 나가는 것을 보았다.

결혼이주민의 증가는 결국 자녀의 문제를 반드시 포함할 수밖에 없다. 미국의 공존하는 교회 중 자녀의 교육적인 문제로 접근한 좋은 사례가 있다. 교회의 노력을 엿볼 수 있는 좋은 예라고 생각된다. 백인 근본주의자들로 구성된 교회의 예(백인 근본주의자들이 80%를 넘지 않음)에서 풍요로운 백인들은 그들의 자녀를 교회에 보내는 것에 관심이 없었다. 교회는 흑인 지역에 버스를 보내 흑인 아이들을 태우기 시작했다. 그 교회를 방문한 대부분의 흑인 아이들은 성인이 된 후에도 교회를 떠나지 않았다. 물론 일부는 떠나갔지만 합류한 흑인들은 이 교회가 공존하는 교회로 분류될 만큼 충분한 수였다. **버스 사역을 통한 전도프로그램이 백인 근본주의교회를 공존하는 교회로 바꾸었다.**

물론 자국어로 드리는 예배를 선호하는 것은 어쩌면 당연한 일일 것이다. 하지만 언어적인 어려움이 있을 때 그리스도의 사랑으로 섬긴다면 한국어를 이해하고 나서도 여전히 교회 울타리 안에 머물 수 있다는 것을 알아야 한다. 오히려 언어가 다르기 때문에 교회가 다양한 사역(한국어 교실/문화교실/다문화 배경 자녀를 위한 방과 후 교실/국제 학교)을 통해 이주민을 만날 수 있게 된 것이다. **하나님께서 이주민을 만날 수 있게 허락하신 기회를 우리 스스로의 불편함 때문에 그냥 흘려보내서는 안 될 것이다.**

더 나아가, 그동안 한국교회는 이주민 특히 결혼이주민을 받아들이기 위해 어떤 노력을 했는지를 반문해야 할 것이다. 해외 선교사역에 막대한 자본을 들이면서 정작 자신들이 거주하는 도시에 있는 다른 문화권의 사람들에겐 소홀한 것이 보편적인 현실이다. 공존하는 교회를 세우는 것은 다른 나라 사람들을 대상으로 선교하는 것만큼 성경적으로 중요하다.

예수님은 사마리아지역을 의도적으로 지나가셨다(요 4:3-4). 유대에서 갈릴리로 가는 통상적인 길은 사마리아를 통과하는 것이 아니다. 사마리아는 앗수르에 의해 멸망한 이후, 달라도 많이 다른 지역이 되었다. 유대인은 사마리아인과 상종하는 것을 꺼려했다. 그런데 예수님은 굳이 그 길을 가야만 했다. 상당히 의지적이고 의도적인 모습을 우리에게 보여 주고 있다. 공존은 의지적이고 의도적인 노력이 필요하다. 아무런 노력을 하지 않으면 단일인종(민족)교회가 되는 것은 당연하다.

둘째, 공존하는 교회는 성장이 더디다
단일문화 환경의 조성을 강조하고 있다. 그들은 공존하는 교회는 교회 출석자에게 불편함을 주고 다른 생활양식과 경험 때문에 교회가 성장하지 않을 것이라 말한다. 하지만 안디옥교회처럼 문화의 장벽을 극복하고 사람들을 복음화하기 위해 나아간다면 얼마나 더 큰 영향력을 미칠 수 있겠는가!(『사도행전식 교회 개척』엘머 타운즈·더글라스 포터, 생명의말씀사, p. 114)

얼마 전 자료이지만 김종생 한교봉 사무총장은 "국내 이주민 선교사역

단체들이 섬기는 이주민들은 대략 5만 명 선으로 150만 이주민의 3.3%에 불과한 상황"이라고 말했다. (출처: 국민일보종합) 만약 한국에 있는 더 많은 교회가 이주민[51]에게 지금보다 더 적극적인 관심을 가지고 전도한다면 교회는 반드시 성장할 것이다.

마지막으로 이주민은 같은 이주민끼리 어울리기를 선호한다

필자와 친한 친구는 이주민이 한국교회에 들어와 함께 공존하는 것에 대해 부정적이다. 이주민의 유입은 유럽교회의 전철을 밟을 수 있다는 것이다. **교회에 속해 있는 모든 사람을 종말에는 구분이 되겠지만 그전까지는 그리스도의 사랑으로 동일하게 품어야 한다고 말한 김남준 목사의 지적(『교회와 하나님의 사랑』, 김남준)**은 공존하는 교회를 세우는 데 중요한 가르침을 주고 있다. 김남준 목사는 그의 책에서 심지어 배교자가 있더라도 주님과 한 몸을 이룬 것으로 간주하고 사랑해야 한다고 말한다. 왜냐하면, 예수님께서도 울타리 안에 들어오지 않은 양을 걱정하고 사랑하셨고, 가룟 유다에게도 자신의 살과 피를 주시기까지 사랑하셨기 때문이다.

허명호 선교사는 그의 책에서 "이주민과 결혼한 ○○ 형제는 작은 교회로 적을 옮기면서 담임 목사님께 부탁한 내용은 '지원도 필요 없고 도움도 필요 없습니다. 다만 딱 하나 설거지도 같이 하는 예수의 지체 공동체가

---

51) 2019년 법무부 자료에 의하면 200개 국가에서 온 264만 명의 이주민을 이웃으로 두고 있다. 더군다나 143개국의 외국인과 한국인의 국제결혼 및 그 2세의 증가 추세와 110개국에서 온 외국인 귀화 20만 명을 맞이하였다. 전국 252 시·군·구 전역이 글로컬(Glocal) 사역의 현장이 되었다(〈한국선교 KMQ〉, 허명호, 73호, p111).

되기'를 소원하였다."(허명호/김현진 공저,『다민족 복음화는 에클레시아 공동체의 회복으로』, p. 11)라고 적고 있다. 즉 공존을 원하는 것은, 이주자의 공통 심정이며 성경의 핵심임을 지적하고 있다.

공존을 위한 노력

"양반들이 앞자리에 앉고 백정들은 뒷자리에 앉게 한다면
다시 출석하겠다"는 이 주사의 말이 뇌리에서 떠나지 않는다.
하지만, 분리하면 평등하지 않다(Separate not Equal)

우리 사회는 어떤가?

김민정 강원대 문화인류학과 교수는 **"한국은 '5000년 역사를 가진 단군
의 한민족'이라는 종족 정체성을 공유하는 방식으로 빠른 사업화를 이뤘
다. '한민족'이 아닌 외국인은 '우리'의 테두리에 포함되지 못했고 배제하는
문화가 조성됐다."**(사회적경제 미디어-이로운 넷, 2021. 3. 3.)고 말한다.

이것은 미국의 건국이념에서도 볼 수 있다. 미국의 건국이념은 "다양함
으로부터 하나로"는 다양한 인종들로 이루어진 이민 국가이기 때문에 다
양성을 가진 사람들이 하나로 뭉쳐야 된다는 것을 강조한 말이다. 하지만
미국의 주류를 이루는 유럽계 백인들의 기준으로 만들어진 용광로 속으
로 다른 문화가 녹아들었기 때문에 실제로는 다문화적이고 기회 균등적
이지 않다.

미국의 독립선언서에서 당시 미국 건국의 국부들은 '우리는 모든 사람
은 평등하게 창조되었으며 창조주에 의해 불가양의 기본권을 부여받았다
는 사실, 또 그중에 생명과 자유와 행복을 추구할 수 있는 권리가 포함되
어 있음을 자명한 진리로 간주하는 바이다'라고 선언하였다. **하지만 당시**

이 건국이념 속의 '우리'에는 흑인을 포함시키지 않았다. 사실상 미국 사회의 정치적, 경제적, 사상적 지배층은 유럽계 백인들만을 의미하였다.

"양반들이 앞자리에 앉고 백정들은 뒷자리에 앉게 한다면 다시 출석하겠다"는 이 주사의 말은, '우리'에서는 배제하지 않지만, 따로 분리하겠다는 의미이다. 이것은 '짐 크로우(Jim Crow)법'의 주요 논리인 '분리하되 평등하다(Separate But Equal)'의 의미와 흡사하다.

남북전쟁으로 노예가 해방되었지만, 남쪽은 북쪽의 입장과 달랐다. 백인들은 흑인들을 자신들과 같은 동등한 시민으로 받아들이기를 꺼려했다. 그리하여 등장한 법이 백인과 흑인의 분리정책을 기조로 하는 '짐 크로우(Jim Crow)법'이다. 이 법안의 주요 논리는 '분리하되 평등하다(Separate But Equal)'이다.

베트남 출신의 이주민이고 이주민센터 '동행'의 대표인 원옥금 씨가 '이주민의 시각으로 본 한국 사회'라는 주제로 강연한 내용을 정리한 글(이주민 시각으로 본 한국사회(2) 결혼이주여성의 삶, 편견과 인권 침해에 불안 Redian, 2019. 11. 22.)을 보면 "다문화"라는 말은 문화적 다양성을 표현하기도 하고 때로는 멸시적인 의미로 사용되기도 한다는 것이다. 국제결혼 가정의 아이들이 학교에 갔을 때 "쟤는 다문화야!"와 같이 따돌림과 차별의 상징으로 사용되기도 한다는 것이다.

김민정 교수는 "(이주민을) 다르게 호명하고 구별 지음으로써 차별의식

이 생기는 것이다" 말한다. 이 말은 다문화가족을 별도로 분류하여 이들이 '정상적인' 한국인이 아니라는 인식을 만들어 낸다는 것이다.

얼마 전 익산시장이 다문화 배경 자녀를 '잡종'이라 하여 논란이 된 적이 있다. 한 성도로부터 전화가 왔다. "목사님은 어떻게 생각하세요?" 그렇지 않아도 학교에서나 동네에서 외국인 자녀라고 놀림을 받고 있었는데 이런 일을 당하니, 마치 자신들의 일처럼 들고일어난 것이다. 필자는 다음 날 국회의사당 앞에 그분들과 함께 서 있었다. 만일 "당신은 어떻게 생각하세요?"라는 질문을 듣는다면 어떻게 대답할 것인가?

한국여성정책연구원인 장미혜 교수에 의하면 한국은 2단계 다문화사회로의 전환단계에 있다.

| 2단계 다문화 사회로의 전환 단계 | 다문화가족의 형성: 체류 기간의 연장에 따라 독신의 이주자들이 서서히 가족을 형성, 출신국별 이주민 공동체 형성(집단적 거주지 출현) | - 다문화가족 내 구성원 간의 무관심과 정서적 유대관계 약화
- 언어장벽으로 인한 가정 내의 의사소통 약화 |
| | | - 다문화가족의 이혼율 증가와 가족와해 현상
- 소수의 인종공동체의 사회적 고립 혹은 사회적 빈곤 계층화
- 인종에 따른 소득 격차로 인한 새로운 차원의 사회적 불평등 심화 |

〈표〉로 작성된 2단계의 내용을 보면 이주민들이 가족을 형성하고 출신국별 이주민 공동체가 형성이 되어 가고 있다. 그에 따른 부정적인 영향도 증가하고 있다.

원옥금 씨는 현재 다문화 정책을 정말 주의 깊게 들여다보고 개선해야 한다고 말한다. 매년 국가와 지방자치단체에서 많은 예산을 배정하여 여러 가지 정책을 시행하고 있는데 다문화와 관련된 예산의 항목을 보면 많은 부분을 전시성 행사와 일회성 시혜적 지원인데. 그것 때문에 일부 반(反)다문화를 주장하는 사람들이 역차별을 주장하는 근거로 사용되기도 한다는 것이다.

그리고 한국에 살고 있는 이주민을 지원하는 곳은 다문화가족지원센터, 외국인노동자지원센터로 나누어져 있고 유학생은 학교별로 나누어져 있어서 **이주민을 같은 주민으로 보고 지원하기보다 한국 사회로부터 분리하려는 것이 아닌가 하는 생각이 들기도 한다**는 것이다.

예를 들어 다문화가족지원센터를 보면 전국에 자치 시군구별로 223개의 다문화가족지원센터가 있는데 이렇게 드문드문 있다 보니 이용률도 떨어지고 또 일반 내국인 주민과 분리되어 결혼이주여성들끼리만 교류하게 만들고 있다는 것이다. 결혼이주 초기에는 한국어와 한국문화를 배울 수 있는 여러 가지 프로그램에 참여할 수도 있고 결혼이주여성들과 자주 모임을 하기도 하지만 어느 정도 시간이 지나면 이용률이 떨어지고 점점 멀어지게 된다는 것이다. 또 일반 주민자치센터에서는 이주민 관련 업무는 자신들의 업무가 아니라고 생각하기 때문에 전혀 관심을 두지 않고 무시하는 경향도 있다는 것이다.

'분리하면 평등하지 않다(Separate not Equal)'

미국사회에서 "함께하지만 분리한다"는 '짐 크로우(Jim Crow)법' 법안은 "분리하면 평등하지 않다"는 '브라운 대 토피카 교육위원회 재판'에 의해 현재는 폐기된 판결이다. 1950년 흑인아동인 린다의 아버지 올리버 브라운은 자신의 자녀와 다른 13명 아이들의 학부모들과 함께 인근의 백인학교에 입학시키려하자 당시 흑백분리정책에 의하여 입학을 거부당하자 교육위원회를 대법원에 고소하면서 시작되었다. 이때 대법원의 판결은 미국 흑인들의 민권운동에 하나의 커다란 전환점을 만들어 내었다.

당시 대법원은 '교육의 기회를 균등하게 재고하는 것뿐만 아니라, 흑인 아동들이 백인 아동들과 같은 건물 내에서 교육을 받을 수 있으며, **흑인과 백인이 따로 떨어진 교육시설에서 교육을 받는 것은 본질적으로 불평등한 일이며 미국 헌법조항과 정신에 위배된다**'고 하였다.

교회의 역할이 중요하다

짐 크로우(Jim Crow)법과 관련하여 미국사회를 변화시킨 사건이 하나 더 있다. **1955년 엘라바마 주의 몽고메리에 사는 '로자 파크스'라는 흑인 여성이 버스 안에서 흑인 전용 칸 쪽으로 옮기는 것을 거부한 이유로 경찰에 체포되었다**

로자는 몽고메리시 조례 6장 11절 '분리에 관한 법률' 위반 혐의로 체포되었다. '분리하되 평등하다(Separate But Equal)'는 짐 크로우(Jim Crow) 법안에 의해 백인이 사용하는 화장실과 흑인이 사용하는 화장실이 구분

되었다. 어디 이것뿐인가 버스 승강장도 학교도 그랬다. 지금은 누가 보아도 불합리한 이 법안이 그 당시엔 정당한 것이었다. 로자 파크스의 일을 계기로 당시 침례교회 목사인 마틴 루터 킹은 흑인들을 규합하여 강력한 민권저항운동으로 발전시켰다.

마르다 헌틀리 여사는 "한국 개신교 선교역사"에서 세계를 뒤집어 놓은 사건이라고 명명한 사건이 곤당골교회를 중심으로 일어났다고 말했다. 곤당골교회는 1895년 4월 20일 홍문섯골교회가 양반을 중심으로 분리되었다. 이제 곤당골교회에는 4-5명만 남았다. 백정 박성춘은 "백정을 사람 대접해 주는 교회로 나오라"며 전도에 열을 올렸고, 그 결과 교회는 성장했다. 또한, 백정 박성춘은 1894년 4월 내무대신 유길준을 통해 국왕에게 자신들의 처지를 호소하며 백정들을 억압하는 악습을 철폐하고 상투와 갓을 쓸 수 있도록 청원을 하였다. 1895년 11월과 1896년 3월에도 탄원상소문을 올렸다. 그 결과 백정 신분이 철폐되고 백정도 갓을 쓸 수 있게 되었다. 마르다 헌틀리 여사는 "링컨 대통령의 노예해방선언을 얻은 미국 흑인들의 기쁨은 한국 백정들의 기쁨보다 더 크지 않았다"라고 기록하고 있다.

이런 의미에서 조선에서는 미국보다 반백년 앞서서 함께 살아가는 문제로 고민하고 교회가 앞장서서 답을 찾으려 노력했음을 알 수 있다. 조선에서는 갑오개혁 이후에도 여전히 천한 이가 귀한 이를 능멸하는 일에 대하여 경고하고 있었다. 박성춘과 사무엘 F. 무어 선교사는 이러한 반역사적 의식과 행동에 대하여 강력히 항거함으로써 인간의 평등을 추구하는 형평운동을 추진하였다(승동교회 110년사, p99). **우리가 기억해야 할 것은 이런 모든 과정과 노력에는 사무엘 F. 무어 선교사와 곤당골교회가 함께했다는 것이다.**

지금의 교회는 이주민과 공존하기 위해 어떤 노력을 하고 있는가?

한국교회 희망봉사단이 발간한 〈이주민 선교 기초조사보고서〉에 「이주민 선교의 실태자료표」(《성경신문》, 2015. 10. 12. 신문기사, 〈한국의 다문화사회로 가속화에 따른 교회의 대응(6)〉[52]에 따르면 결혼이주민 여성과 이주민가정 자녀를 포함한 이주민 사역의 형태를 보면 법인/단체(17%), 선교기관/센터(16%), 교회와 선교센터의 복합형태(6%), 이주민교회와 독립된 외국인교회(17%), 교회 부설(28%),의 형태로 이루어지고 있다.

필자는 2020-2021년까지 GMS다민족사역연합체의 출판팀장으로 섬겼다. 2020년 국내이주민사역현황[53]을 참고로 하여 조사한 바에 의하면, 66개 교회 중에서, 교회 공간과 시간을 달리하여 이주민 예배를 드리는 경우는 24곳이었다. 이 경우는 어느 정도 규모가 있는 교회가 대부분이었다. 독립된 이주민교회는 18곳이었고 나머지는 기관이나 선교단체에서 운영하는 곳이었다.

---

52) http://www.sknews.org/news/view.asp?idx=5429&msection=4&ssection=33&page=1
53) 2020년 대한예수교장로회(합동) GMS 다민족사역연합체에서 발간한 이주민사역현황집(비매품)

함께 살아가는 주민이며, 나와 같은 교회의 구성원이다'라는 인식으로 이주민, 특히 결혼이주민가정과 공간과 시간을 같이하며 인격적인 교류가 이루어지는 교회는 극히 드물어 보였다.

이런 의미에서 조지 A. 얀시의 말처럼 다른 인종의 사람들과 어떻게 건물을 나누어 쓸 것인가를 배우는 것보다 진정한 다인종교회의 환경(『다문화교회의 원리』, 구병옥 옮김, p22)을 만드려는 노력이 부족해 보였다.

정재영 교수(실천신학대학원 대학교)는 '다문화 사역 이야기'에서 "같은 교회 안에서 다른 언어의 외국인 예배가 있는 경우, 과연 교회가 다민족 문화에 대한 가치인정과 인종 통합에 대한 의지가 얼마나 있는지 의문이다(『더불어 사는 다문화 함께하는 한국교회』, p144)"라고 말한다.

교회는 우리 사회에 타자를 위한 따뜻한 공간을 마련하기 위해 누구보다도 먼저 관심을 가지고 지금이라도 좀 더 적극적으로 행동을 시작해야 한다. 교회의 공간도 '분리하되 평등하다(Separate But Equal)'를 넘어서서 타자를 위한 따뜻한 공간을 마련해야 한다. 조지 A. 얀시의 말처럼 진정한 다인종교회의 환경을 만들어야 할 것이다.

승동으로

구리개의 제중원에 있던 예배처소는 홍문섯골교회의 교인들의 오랜 안식처가 되어 주지 못했다. 제중원이 선교병원이 된 이후 매달 연 500명의 환자를 치료하게 되자 확장하는 것이 급선무가 되었다. 올리버 R. 에비슨 선교사가 안식년에 뉴욕에서 열린 선교회의 석상에서 병원 설립에 대한 필요성을 알리고 협조를 구하자 클리브랜드의 실업가 세브란스가 15,000불을 헌금하고 이후 대지와 건물을 위하여 3배나 추가로 기부하였다.

1902년 11월 27일 오후 3시 새 병원 건립을 위한 정초식이 거행되었다. 그리고 1904년 11월 병원이 개원되었다.

1904년 제중원 터와 건물은 왕실의 요구로 정부에 환수되자 제중원 예배실에서 모이던 교우들은 기로에 서게 되었다. 이때 홍문섯골교회의 교인들이 오기 전 제중원에서 예배를 드리던 사람들은 남대문 밖, 세브란스병원(사진)으로 함께 나가게 되었다. 이들은 후에 남대문교회를 설립하게 되었다.

남대문 밖으로 가지 않은 홍문섯골교회의 교인들을 위해 북장로교 선교부는 교회부지를 구입해 주기로 결정했다. 이에 1904년 12월 하순 추운 겨울에 구리개에 있던 다수의 교인은 급한 대로 낡은 집으로 이전을

하였다. 그들은 낡은 집을 대대적으로 수리하기로 결정하고 곤당골 터를 9,000원에 팔고, 필라델피아에 사는 컨버스가 5,500원을 보내 주었다. **1905년 8월 1일 이전 예배를 드렸다.**

우리는 관철동을 지나 승동으로 갔다. 과거엔 피맛골(사진)로 알려진 거리도 보았다. 지금은 옛길은 많이 사라져 가고 있었다. 그 옛날 이 거리를 가득 채웠을 사람들의 목소리를 따라, 지금의 인사동에 위치한 승동교회로 발걸음을 옮겼다. 입구 쪽에는 승동교회의 역사가 사진 자료로 전시되어 있었다.

사무엘 F. 무어 선교사가 1906년 11월 중순경 세브란스에 입원하여 5주후 1906년 12월 22일 46세의 나이로 하나님의 부름을 받았으니 그의 생전에 이곳 승동에 교회가 세워지는 것을 보았을 것이다. '얼마나 감격스러웠을까!'

여기까지 오기가 쉽지 않은 여정이었다. 곤당골에서 두 교회로 분리 후실의에 빠졌던 시간, 하지만 두 교회가 다시 하나가 되어 성장하던 기쁨, 하지만 부인의 치료차 미국에 있는 동안 교회는 폐쇄되고 교인들은 제중원 안의 예배처소로 옮기게 되었지만, 그는 아무런 말도 없이 그 모든 과정을 묵묵히 하나님의 손에 맡긴 채 주어진 소명을 따라 복음을 외치며 교회를 세웠다. 이 과정에서 동막교회가 세워지기도 했다.

구리개에서 제중원이 남대문 밖으로 건축되어 이전할 당시, 어디로 가야 할지 씨름했을 교인들의 모습이 눈에 선하다.

우리도 2021년 겨울, 2024년 여름에 새로운 교회 장소를 찾아야 할 그 때, 주님의 손이 우리와 함께 하신 것처럼, 그들에게도 함께하셨음이 분명하다. 선교회에서 부지를 매입해 주고, 교인들과 여러 후원금을 통해 어려움 중에도 축복받으며 교회가 세워졌으니 이보다 더 감사한 일이 어디에 있겠는가!

이처럼 주님이 기뻐하시는 교회는 주님이 세워 나가심이 분명하다. 유대인과 이방인이 복음으로 하나가 된 것처럼 백정과 양반이 그리스도의 피로 하나가 되었다. 또 이주민과 선주민이 언어와 인종과 문화를 넘어 복음으로 교회를 통하여 성숙한 공동체를 이루려는 다인교회를 기뻐하심이 분명하다. 다인교회도 지금의 역경을 이겨 내고 우뚝 설 수 있길 이곳 승동에서 간절하게 기도했다.

사무엘 F. 무어 선교사의 조선에서의 14년의 발자취

1892.9.19. 화요일 정오	제물포항 도착
1892.9.21. 밤 10시	양화진 도착
1892. 겨울	예수학당 시작
1893.6.	곤당골교회 설립
1894.	백정 박성춘을 치료함
1895.4.20.	백정박성춘이 세례를 받음 곤당골교회와 홍문섯골교회로 분리됨
1898.6.17.	곤당골교회 화재

1898. 초	홍문섯골교회가 정식교회로 인정받음
1899. 가을	곤당골교회와 홍문섯골교회가 하나가 됨(홍문섯골교회로 불림)
1901.11.28.	아내 로즈 선교사의 폐결핵으로 치료차 미국으로 감
1902.2.	서울시찰회의 결정으로 홍문섯골교회 폐쇄 구리개 제중원에서 예배드림〈구리개(동현)교회〉(선교사들은 이를 중앙교회라 불렀다)
1902.9.20.	무어선교사 귀국
1904.11.	제중원이 세브란스병원 건축준공하여 이전(1902.11.27. 정초식)
1904.12.	구리개에서 승동(인사동)으로 옮김(1905.8.1. 이전감사예배)
1906.12.22.	양화진에 안치됨

공존 그 이상의 공존

변화를 읽어라

교회는 사회통합이란측면에서 시대를 이끌고 있는가?

이주민을 바라보는 시선은 차갑기만 하다. 필자는 10여 년 전 공존하는 교회를 세우기 위해 계양구 효성동에 교회를 개척했다. 많은 수의 결혼이 주민 여성들이 한국에 정착하기 위해 노력하는 모습을 지켜보았다. 그들 상당수는 이혼의 아픔을 경험해야 했다. 무엇보다 **그때나 지금이나 '이주민들은 외국인이다'라는 인식은 달라진 것이 없어 보인다. 심지어 부모 중 한 명이 이주민인 가정의 자녀들도 외국인이라고 말하는 사람들이 적지 않다.**

허명호 선교사도 말하듯 대한민국은 이미 200여 국가에서 온 다민족 (다문화) 이주자 264만여 명(단기 거주자와 귀화자 북한이탈주민 포함)이 전국 각 도시와 농어촌까지 분포되어 글로컬 선교현장으로 무르익었다. 한국인이 150여 국가 출신인과 한국인과의 국제결혼 및 그 2세의 증가 추세와[54] 110개국에서 온 외국인 귀화 20만 명 돌파 등의 법무부 발표가 있었다. [55] 전국 252 시·군·구에 '등록'한 국제이주자는 1,257,366명이고 북

---

54) 허명호, 새 선교지, 〈이주자와 사역〉, KMQ 2016년 가을호, pp109~110.
55) 《중앙일보》, 2019년 12월 30일, 〈110개국 외국인 귀화 20만 명 돌파〉 기사 참조.

한이탈주민 33,022명은 포함하지 않은 수이다.[56] 2018년 12월 다문화 가구 수가 334,856가구이며 출생 자녀가 61만 명을 넘었다.[57] 종족별 국제 이주자 자치사역을 위한 플랫폼(platform)으로 디지털 통신 환경까지 갖추어져 있다[58](안산, 시흥 92,000명, 화성 40,000명, 북경기 24,000명, 인천 70,000명, 충청 47,000명 등; 이주민사역과 한국교회, 총회세계선교회 GMS, pp266-267).

그러기에 이제는 '결혼이주민 = 외국인'이라는 말은 맞지 않게 된 것이다. 교회도 이런 추세에 발맞추어 새로운 이웃, 새로운 성도로의 목회 방향을 세워야 할 시점이 된 것이다. 「이주민들, '선교의 블루오션' [특집] 늘어나는 선교사 추방, 한국교회의 바람직한 대응」에서 교회 안에서의 이주민 선교는 이제 목회적 상황으로 발전되어야 한다. 이들을 전도하여 교인으로 삼고, 이들을 말씀으로 훈련시키며, 바른 예배와 삶을 살 수 있도록 지도하여야 한다고 말한다.

장미혜 교수에 의하면 한국은 2단계 다문화사회로의 전환단계로서 예측할 수 있는 위험을 미리 알고 대비해 나가는 것이 필요하다고 한다.(장미혜. 다문화사회의 미래와 정책적 대응방안. 젠더리뷰2008)

---

56) 2019년 6월 (법무부 출입국정책 외국인정책본부) 등록자 통계.
57) 《대전일보》, 2019년 11월 6일, 〈다문화 시대 맞게 사회적 인식도 개선돼야〉기사 참조. 〈인천만 11,682〉
58) 오직환, WHY 플랫폼인가?(http://bit.ly/whyplatform)

다문화 사회로의 이행단계	현상	예측할 수 있는 위험
1단계 다문화 사회로의 진입단계	이주민이 전체 인구구성에서 차지하는 가시적 비중 증가	- 주류 사회에서는 상식적으로 통용되던 민족 국가의 구성원에 대한 혼란 - 이민자에 대한 주류 사회의 심리적 저항과 차별적인 태도 - 행동의 다양성이나 가치관의 상이에 따른 규범의식의 저하
2단계 다문화 사회로의 전환단계	다문화가족의 형성: 체류기간의 연장에 따라 독신의 이주자들이 서서히 가족을 형성, 출신국별 이주민 공동체형성(집단적 거주지 출현)	- 다문화가족 내 가족구성원 간의 무관심과 정서적 유대관계 약화 - 언어장벽으로 인한 가정 내의 의사소통 약화 - 다문화가족의 이혼율 증가와 가족와해 현상 - 소수의 인종공동체의 사회적 고립 혹은 사회적 빈곤 계층화 - 인종에 따른 소득 격차로 인한 새로운 차원의 사회적 불평등 심화
3단계 다문화 사회로의 정착단계	다문화가족 내에서 2세가 사회진출하면서 이주민 공동체 재생산	- 이주민 2세의 인종적 정체성 혼란 - 교육의 수준이 낮고 소득수준이 낮은 이민자들에 대한 사회복지부담의 증가 - 이주민 2세의 경우 가족 내에서 사회화를 통해 습득된 주류사회의 문화사회화에서 혼란과 갈등, 이들 집단의 범죄와 실업문제 가시화 - 인종 간 사회적 마찰의 증가 - 사회적 일체감의 해체 - 주류문화에 대한 저항 표면화(집단소요 등)로 인한 사회불안의 가중

즉 서로의 문화와 역사를 존중하고 이해하는 사회적인 분위기를 조성하고, 인권보호와 사회 통합을 강화하는 차원에서 한국의 다문화 정책은 이루어져야 한다는 것이다. 그런 의미에서 다문화지원센터도 최근에는

통합프로그램을 지향하고 있다.

그런데 유독 교회가 시대적인 기대에 역행하여 같은 교회 안에 다른 언어의 외국인 예배를 따로 드려야 하는 이유는 무엇인가? 이것이 시대를 이끄는 교회의 모습일까? 이것이 교회가 지향해야 하는 방향일까? 의구심이 생길 수밖에 없다.

실천신학대학원대학교 정재영 교수는 "다문화 사역 이야기에서 한국의 대형 교회들이 같은 교회 안에서 다른 언어의 외국인 예배를 드리는 문화상호교류적 모델로 이주민 사역을 하고 있다고 볼 수 있지만, 다민족 문화에 대한 가치 인정과 인종 통합에 대한 의지가 얼마나 있는지는 의문이다"(『더불어 사는 다문화 함께하는 한국교회』, pp143-145)라고 말하고 있다.

그러므로 필자는 이제 앞으로 이주민과 선주민의 성숙한 공존을 이루는 공존하는 교회의 필요성은 지역교회 내에서도 증가할 것이라 확신한다.

공존하는 교회란

선주민이 80%를 넘지 않거나 이주민이 80%를 넘지 않으면서
같은 시간 같은 공간에서 같은 언어로 함께 예배를 드리며
인격적인 교제를 하는 교회로 정의할 수 있다.

필자는 두 교회(곤당골교회와 홍문섯골교회)가 분리되고 다시 하나
가 되는 과정을 보면서 로마교회가 생각났다. 로마서가 기록될 당시 교
회의 상황은 어떠했을까? 로마교회는 사도들에 의해서 설립된 교회가 아
니다. 로마의 역사가 수에토니우스(Suetonius)는 『클라우디우스의 전기
(Claudius 25.4)』라는 책에서 로마 내의 기독교인들의 문제를 다루었다.
주후 49년에 클라우디우스 황제는 '크레스투스(Chrestus)'라는 인물로 인
해 문제가 일어나자 로마에 있는 모든 유대인을 향하여 로마를 떠나라고
명령한다. '유대인 그리스도인들과 유대인 비그리스도인들 사이에 다툼'
때문인 것으로 보인다.

처음에 로마교회는 유대인 그리스도인들이 다수였다. 하지만 시간이
흐르면서 약간의 이방인 그리스도인들이 생겼지만, 황제의 명령으로 유
대인 그리스도인들이 로마를 떠나자 이방인 그리스도인들만 남게 되었던
것 같다. 이후 주후 54년에 클라우디우스가 사망하고 네로가 황제가 되자
추방되었던 유대인 그리스도인들이 돌아오게 되었다.

그런데 유대인 그리스도인들이 로마에 돌아온 후에 상황이 바뀌었다.

이전에는 유대인 그리스도인들이 기독교 세계의 주도권을 잡고 있었으나, 이제는 이방인 그리스도인들이 다수가 되어서 주도권을 잡고 있었다.

귀환 이후 로마교회는 내부적인 갈등을 겪게 되었다. 로마서 14-15장에서 바울은 음식과 절기에 관해 언급하고 있다. 당시에 기독교인들은 모일 때마다 식사를 같이 했는데, 유대인들과 이방인들 사이에 음식과 방식이 달랐기 때문에 갈등이 일어났다. 이를 테면 유대인들의 규례와 절기 등을 이방인들이 존중할 필요가 있느냐 하는 것이다. 결국, 유대인 그리스도인들과 이방인 그리스도인들 사이에는 갈등이 있었다.

로마교회는 이방인 그리스도인과 유대인 그리스도인 사이에 불편한 공존을 하는 교회였다. 바울은 로마교회가 더 건고하게 세워지길 원했습니다.[59] 그래서 복음을 전하기로 결심했다. 이것이 로마서를 기록하게 된 중요한 이유일 것이다.[60]

결국, 불편한 공존에서 성숙한 공존으로는 '바른 복음'을 통해 가능하다. 바울은 교회의 내부적인 갈등을 복음을 통해 해결하려 했다.

곤당골교회를 나온 양반들은 홍문섯골교회를 세웠다

곤당골교회가 화재로 소실되고, 성도들이 예배당 없이 지내자 1899년 하

---

59) 로마서 1:11 내가 너희 보기를 간절히 원하는 것은 어떤 신령한 은사를 너희에게 나누어 주어 너희를 건고하게 하려 함이

60) 로마서 1:15 그러므로 나는 할 수 있는 대로 로마에 있는 너희에게도 복음 전하기를 원하노라

나로 합쳐 홍문섯골교회라 불렀다. 여기에서 **"분리되어 갔던 양반들이 어떻게 불에 타 갈 곳이 없는 곤당골교회의 성도를 받아들이게 되었을까?"**

평신도 중심이었던 홍문섯골교회의 교인들은 성경을 더 깊이 있게 공부하면서 자신들이 틀리고 사무엘 F. 무어 선교사의 말이 틀리지 않았다는 것을 알게 되었기 때문이다. 이처럼 바른 성경의 말씀과 복음은 교회를 하나 되게 하고, 더 나아가 성숙한 공존을 이룰 수 있게 한다.

바울은 오직 믿음으로 구원받음을 말한다. [61] 필자는 이것은 단순히 개인적인 구원만을 이야기하는 것이 아니라 하나 된 교회를 세우기 위한 복음, 즉 이방인을 교회 구성원으로 받아들이기 위한 복음을 말하고 있다고 확신한다. 로마서 3:21-22은 "차별이 없는 복음이다"[62]고 말씀한다.

유대인과 이방인의 선의의 경쟁

바울은 로마서 11장에서 유대인과 이방인의 아름다운 선의의 경쟁관계를 말한다. [63]

---

61) 로마서 1:17 복음에는 하나님의 의가 나타나서 믿음으로 믿음에 이르게 하나니 기록된 바 오직 의인은 믿음으로 말미암아 살리라 함과 같으니라

62) 로마서 3:21-22 이제는 율법 외에 하나님의 한 의가 나타났으니 율법과 선지자들에게 증거를 받은 것이라 곧 예수 그리스도를 믿음으로 말미암아 모든 믿는 자에게 미치는 하나님의 의니 차별이 없느니라

63) 로마서 11:11-12 그렇다고 이스라엘이 넘어져서 영영 패망하였습니까? 결코 그렇지 않습니다. 하나님께서는 도리어 그들의 범죄로 이방인들을 구원하여 이스라엘이 그들을 보고 질투하게 하셨습니다. 이스라엘의 범죄와 실패가 온 세상 사람들에게 넘치는 축복을 가져다주었다면 이스라엘 전체가 하나님께로 돌아올 때는 더욱더 큰 축

필자는 이방인과 이스라엘의 관계를 말할 때, 계주에 빗대어 말한다. 보통 계주는 다음 주자에게 바톤을 넘겨주면 자신의 역할은 다하는 것이다. 그 후는 다음 주자의 몫이다.

그런데 로마서 11:11-12의 관계는 그렇게 설명이 안 된다. 왜냐하면 넘어진 이스라엘이 끝난 것이 아니다. 그들은 바톤을 넘겨받은 이방인을 보고 질투하여 다시 일어난다. **마치 쇼트트랙 계주를 보는 것 같다.** 서로 안쪽과 바깥쪽을 번갈아 달리며 서로 밀어 주고 당겨 주고 자극을 주며 마지막까지 달리는 계주 말이다. 둘은 선의의 경쟁자처럼 경쟁하듯 달리며 아름다운 협력을 한다. 앞서거니 뒤서거니 하며 완주를 한다. **바울은 로마의 교인들이 이처럼 라이벌(rival: 선의의 경쟁자)로서 바른 복음 위에 교회를 아름답게 세워 가길 원했던 것은 아닐까? 한국교회도 복음으로 이주민과 나란히 선의의 경쟁을 통해 하나 된 교회를 세워 나가길 소망해 본다.**

복이 넘치지 않겠습니까?

공존하는 교회의 모델, 홍문섯골교회

백정 성도를 중심으로 하는 곤당골교회는 1898년 6월 17일 화재로 소실되었다. 이 화재를 계기로 분리되어 있던 양반 중심의 홍문섯골교회와 1899년 가을에, 백정 교인과 양반 교인이 신분의 벽을 넘어 다시 하나가 될 수 있었다. 홍문섯골교회는 1902년 폐쇄가 되기까지 양편 교인들의 갈등은 있었으나 사무엘 F. 무어 선교사의 지도하에 서로 힘을 합쳐 새 세례교인인 29명 전체 세례교인이 89명 원입교인이 150여 명의 큰 교회로 성장될 수 있었다(승동교회 110년사, p104-105).

물론 이러한 양반과 백정 교인들의 갈등은 1906년 곽안련 목사의 보고서에서 보았듯이 이 이후에도 계속되었음을 알 수 있다. 하지만 이러한 과정은 성숙한 공존을 위한 과정으로 보아야 할 것이다. 단적인 예로 1911년 백정이었던 박성춘이 장로로 장립이 된 것을 보면 알 수 있다.

그런 의미에서 필자는 홍문섯골교회가 공존하는 교회의 좋은 모델이라고 생각했다

우리가 흔히 다인종교회라 말할 때 중요한 예배 중에 적어도 주류문화를 가진 사람들이 참석자의 80%를 넘지 않는 교회로 정의한다. **그런 의미**

에서 공존하는 지역교회는 선주민이 80%를 넘지 않거나 이주민이 80%를 넘지 않으면서 같은 시간 같은 공간에서 같은 언어로 함께 예배를 드리며 인격적인 교제를 하는 교회로 정의할 수 있다.

두 교회가 하나가 될 때, 108명의 교인 중 백정 교인이 30여 명(약 30%)이었다고 한다(국민일보 미션라이프, 2017.2.11., [한국기독역사여행] "교회는 신분 위세 부리는 곳 아니다"… 백정, 예수를 만나다). 또한, 분리되었던 두 교회가 하나가 되었다는 것은, 이제는 과거의 갈등을 극복하고 같은 공간 같은 시간에 함께 예배를 드렸다는 것을 의미한다. 그리고 이전 곤당골교회보다 신분의 벽을 넘어서는 성숙한 인격적인 교제를 이루려는 노력을 스스로 했음을 짐작할 수 있다.

공존하는 교회는 이주민교회가 아니다

필자는 공존하는 교회를 세우기 위해 효성동에서 교회를 개척했다. 처음엔 인천 다문화교회라는 이름으로 시작을 했다. 내가 생각하는 다문화는 한국의 문화를 포함한 개념이었다. 하지만 현실은 달랐다. 한국 사람을 뺀 나머지를 다문화로 인식하는 사람들을 만났다.

심지어 다문화가정의 자녀들도 외국인으로 보고 있었다. 한번은 인천방송에서 다문화가정의 자녀들을 중심으로 초등축구부를 만들어 친선게임을 했다. 경기 후 인터뷰를 하는데, "외국인 친구들과 함께 시합할 수 있어서 너무 좋았다."고 말하길래 너무나 충격을 받았다. 사람들은 "다문화"라는 단어가 들어가면 "외국인"이라는 인식을 가지는 것 같았다.

사람들은 어떤 언어로 예배를 드리는지, 또 어느 나라 사람들이 오는지 물어보았다. 시간이 한참 지난 후에도 사람들은 여전히 외국인이 오는 교회라고 생각을 했다. 사람들의 생각을 바꾸는 것은 어렵거나 불가능해 보였다. 그래서 교회 이름을 "다양한 문화의 사람들이 함께하는 교회"라는 의미로 "다인교회"라 고쳐 불렀다.

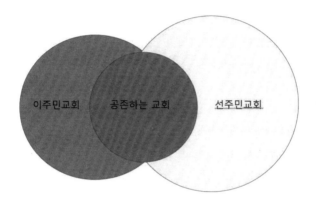

필자는 교회의 유형을 이주민 중심으로 모이는 「이주민교회」, 선주민 중심으로 모이는 「선주민교회」 그리고 이주민과 선주민이 함께 동등한 성도로 교회를 섬기는 「공존하는 교회」로 나누어 설명하는 것이 결혼이주민 가정에 대한 편견을 줄이는 데 도움이 될 것이라 생각했다. **공존하는 교회는 언어와 인종과 문화를 넘어 그리스도 안에서 복음으로 교회공동체를 통하여 선주민과 이주민이 성숙한 공존을 이루어 가는 지역교회이다.**

다문화주의를 넘어

현대사회는 기존의 문화와 인종을 넘어서는 다양성이 존재한다. 이런 이질성을 그리스도인으로서 그리고 교회가 어떻게 인식하고 받아들일 것인가의 문제가 존재한다.

첫째는 차별배제모형이다. 단일민족을 강조해 온 우리나라의 경우는 여기에 해당된다. 하지만 결혼이주민의 증가로 그 입지는 제한된다. 이 모형은 한국인교회와 외국인교회로 명확하게 구분하자는 말이므로 본 논의에서 제외한다.

둘째는 동화모형이다. 이민자의 출신국의 언어와 문화 사회적 특성을 완전히 포기하고 주류사회의 일원이 되는 것을 말한다. 용광로 정책이라고도 말한다. 통합하려는 과정에서 지배적인 인종의 영향력이 소수 인종의 하위문화를 압도하는 상황을 허용할 것이라 말한다. 예를 들면 "기숙학교"에서는 아메리카 원주민들이 자신들의 문화와 분리되었고 자신들의 언어와 문화는 규제당했다.

미국의 경우 대부분 소수 인종 사람들은 자신들의 문화적 관심을 완전히 무시하는 교회에는 가지 않는다. 즉 완전히 무시당하는 교회는 공존하는 교회로 성장할 수 없다는 것을 말한다. 자신들이 존중되는 교회에 가고 싶은 것은 한국적인 배경에서도 마찬가지다.

예루살렘 공의회에서는 이방인들에게 개종의 조건으로 할례와 같은 구약의 의식 법을 요구하지 않았다. 만약 그렇게 했다면 이방인들을 복음화하는 것이 아니라 단순히 유대인화하는 셈이 되었을 것이다. 그렇게 되었을 경우 기독교는 유대교와 별반 다를 바 없는 유대민족 종교의 성격을 벗어나지 못했을 것이다.

신약 시대에는 이방인은 물론 전 성도에게 구약 의식법 및 모든 율법 조항의 문자적 준수를 요구해서는 안 된다는 공의회의 결정으로 말미암아 이방인들은 복음을 받아들이기 위해 자기 민족과 문화를 떠나지 않아도 되었고 기독교는 세계적 종교로 발전할 수 있는 여지를 마련하게 되었다.

간혹 교회 성도들이 말한다. "한국에 왔으면 한국 사람이 돼야지!" 그런데 내 아버지의 집에 왔는데 한국 사람이 되어야 하는 이유는 또 무엇인가? 이주민이면 안 될 이유가 어디에 있는가? 이방인 그리스도인으로 그 모습 그대로 받아 주시는 분임을 필자는 믿는다. 그렇다면 **교회는 유대인 그리스도인과 이방인 그리스도인의 결합체로 정체성을 유지하면서도 새로운 속성을 지닌 신비한 결합체인 것이다.**

공존하는 교회는 주류문화의 요새가 아니라 다양한 문화가 혼합되어

나타나는 경향이 있다. 이주민 인구의 증가는 단순히 다양한 문화를 접할 기회가 증가한다든지 문화권 보장의 차원에서 이주민 고유문화 보존 욕구를 존중하는 것만의 문제가 아니라 새로운 문화적 정체성을 제시하지 않으면 안 되는 패러다임 전환에 관한 문제이다.

다시 말해서 인구구조의 변화가 일어나는 물리적 차원만의 문제가 아닌 특정 인구집단을 통해 전파되는 문화적 가치나 삶의 양식에 대해 토착민 집단이 새로운 종류의 사회 구성원과 어떻게 관계 맺음을 할 것인가에 대한 문제이다. 그러므로 두 번째 모형도 논의에서 제외한다.

셋째는 다문화모형이다. 동화가 아닌 공존에 정책의 목표를 두고 있다. 이것은 다시 미국처럼 소수민족과 이민자를 받아들이는 데는 포용적이지만 그들의 고유문화를 유지하도록 지원하는 데는 소극적인 문화다원주의와, 국가적으로 개입해 소수민족과 이민자의 고유문화를 발전시키는 다문화주의가 있다(캐나다/호주).

상당히 앞선 다문화정책을 펼치는 캐나다는 "공식적인 언어는 있어도 공식적인 문화는 없다"는 말로 대표될 수 있다. 소수인종이 캐나다 전체에 독특한 위치를 차지하여 전체적인 모자이크를 완성하는 캐나다의 다문화 정책은 최근 밀려드는 시리아 난민으로 몸살을 앓고 있다. 이슬람 난민으로 기독교 국가였던 레바논이 시리아 난민을 인도적인 차원에서 받아들인 후 이슬람국가가 된 교훈을 국가와 한국교회는 기억해야 할 것이다.

공존 그 이상의 공존

초대교회들은 성경의 바른 가르침을 따라
불편한 공존에서 성숙한 공존을 향하여 나아갈 것을 요구받았다.

2019년 3월 15일 호주 국적의 브렌턴 태런트가 뉴질랜드 남섬의 최대 도시인 크라이스트처치의 이슬람사원(모스크) 두 곳에서 총기를 난사해 50명의 사망자와 수십 명의 부상자를 발생시킨 테러의 배후에는 다문화주의가 가지고 있는 그늘이 있다.

다문화는 어떤 하나의 문화가 다른 문화를 만났을 때 일어나는 사회적인 현상으로 정의된다. 다문화주의는 이런 사회적인 현상에서 공존을 모색하는 사회적인 합의를 말한다. 2010년 9월 한국정책학회보에 실린 논문 '한국의 다문화주의와 다문화 정책의 선택적 적용(The Selective Adaptations of Multiculturalism and Multicultural Policies)(한국정책학회보 19권3호 2010; 박진경)'에서 다문화주의를 "사회 통합적 관점에 의한 소수자의 정체성 인정과 구성원 간 불평등을 해소하려는 합의된 실천이념"이라고 정의하고 있다.

하지만 다문화주의는 다양성의 존중이라는 긍정적인 측면도 있지만, 서로 간의 고립이라는 그늘이 있다. 즉 개인이 단 하나의 문화에만 소속되어야 한다는 배타주의적인 생각으로 인해 자신들만의 명확한 경계로 자신들만의 집단을 만들게 될 위험이 있다(더불어 사는 다문화 함께하는 한국교회, p62 이하).

그러기에 부산대학교 철학과 교수인 주광순은 "우리의 목표는 다양한 종교를 가진 이주민 선교인데 고유의 전통을 강조하는 다문화주의는 '무슬림은 그대로 무슬림으로'라는 구호로 이어지기 때문에 우리에게는 적합하지 않다"(『이주민 사역과 한국교회』, 권성수 외 20명, 총회세계선교회 GMS, p69)라고 말한다.

실제로 전문가들은 해당 테러가 백인우월주의에 뿌리를 둔 범죄라고 규정한다.

이방인에 대한 유대인의 우월의식을 노골적으로 드러낸 곳이 있다. 헤롯 성전이다. 헤롯 성전은 마치 모자이크처럼 다양한 구획으로 나누어져 있다. 겉으로 보이기는 아름다운 공존이 이루어지는 곳으로 보인다. 하지만 이곳에는 유대인과 이방인의 팽팽한 긴장감이 경계선(소렉이라는 담장)을 사이에 두고 있다. 이 담장에 있는 화강암으로 된 표지석에 **"어떤 이방인도 이 경계를 넘어 성소와 현관 안으로 들어오지 못한다. 만약 어기는 자는 자신의 죽음에 대하여 자신에게 책임이 있음을 알아야 한다"**라는 글귀가 적혀 있었다. 심지어는 유대인으로 개종한 이방인도 출입이 금지되었다.

유대인이라고 할지라도 율법을 어기고 이방인을 데리고 들어가도 죽음을 면치 못하였다. 사도행전 21장에서 바울이 헬라인을 데리고 들어가서 성전을 더럽혔다며 바울을 성전 밖으로 끌고 가 죽이려고 한 사건이 기록되어 있다.

이처럼 헤롯 성전의 부족함은 유대인과 이방인의 진정한 교제가 없었다는 것이다. 관계 상실적인 면에서 유대인들은 자신들의 종교체제를 유지하고 관리하는 것이 더 중요하다고 생각을 했다. 그래서 유대교를 "기업형 교회"라 칭하기도 하는데 설득력이 있어 보인다(『예수님이 원하시는 교회』, 생명의 말씀사, 글렌와그너, 2004, p65). **다문화주의도 모자이크의 경계를 넘어 진정한 교제가 없다면 헤롯 성전처럼 배타적일 수밖에 없다.**

사도 바울은 에베소서 2:14에서 "예수님은 유대인과 이방인 사이에 가로놓인 벽을 허무시고 둘을 한 사람으로 만드셨다" 말한다. 이때 벽은 경계선인 소렉일 것이다. 이제는 그리스도의 죽음을 통하여 둘 사이의 경계선이 허물어지고 공존하는 공간인 교회에서 진정한 교제가 시작된 것이다.

필자는 교회야말로, 우리 사회가 보여 주는 공존 그 이상의 공존을 이룰 수 있는 곳임을 확신한다. 바울은 민회 〈아테네에서는 에클레시아〉를 능가하는 공존을 그리스도 안에서 이루는 ἐκκλεσία**(교회)**를 꿈꾸지 않았을까!

첫째, 차원 높은 공존이다

신약교회를 돌아보면 헬라와 로마 시대는 이미 다양성이 인정된 사회를 기반으로 하고 있었다. 특히 로마의 특징은 다양성이었다. 이런 사회적인 배경 위에 복음으로 그리스도 안에 하나의 공동체를 세우려는 움직임이 가능하지 않았을까? 하지만 교회는 이미 오래전부터 그리스도 안에서 더 높고 세련된 하나 됨을 꿈꾸었다.

'민회 = 에클레시아'로서 민회에 소속된 사람들은 자유인으로 투표권을 가지고 있었다. 하지만 그것은 제한적이었다. 여자와 노예는 해당되지 않았기 때문이다. 초대교회는 '에클레시아 = 교회'로 번역했다. 갈라디아서 3:28의 말씀 "너희는 유대인이나 헬라인이나 종이나 자유인이나 남자나 여자나 다 그리스도 예수 안에서 하나이니라"처럼 교회는 세상의 기준을 뛰어넘는 자유를 가진 곳이었다.

둘째, 차별 없는 공존이다

에베소서 2:19 "그러므로 이제부터 너희는 외인도 아니요, 나그네도 아니요 오직 성도들과 동일한 시민이요 하나님의 권속이라"에서 성도는 유대인 그리스도인을 의미할 것이다. 이에 반해 너희는 이방인 그리스도인을 말한다. 이제부터는 동일한 시민이요 하나님의 자녀라고 말하는 것이다. 둘 사이에는 어떠한 차별이 없다. 이처럼 초대교회들은 성경의 바른 가르침을 따라 불편한 공존에서 성숙한 공존을 향하여 나아갈 것을 요구받았다.

공존하는 교회의 성경적인 근거

식탁교제를 중심으로

교회확장을 중심으로

에베소서를 중심으로

성전을 중심으로

식탁교제를 중심으로

**누가는 식탁교제를 통해 교회공동체가 불편한 공존에서
성숙한 공존을 향해 나아갈 것을 말씀하고 있다.**

누가복음은 하나님 나라의 복음의 보편성과 세계성을 말한다. 누가복음
3:6 "모든 육체가 하나님의 구원하심을 보리라 함과 같으니라"에서 모든 육
체는 '어린아이 여자 병자 가난한 자 버림받은 자 그리고 이방인(=외국인)
을 포함'하는 것으로 이해된다. 다시 말해 예수 그리스도가 유대인들만의
구세주가 아니라 전 세계의 모든 계층의 구세주이심을 말하는 것이다.

누가 공동체의 정황을 자세히 살펴볼 때 누가 공동체에는 유대인 그룹
과 이방인 그룹이 공존하고 있음을 보게 된다. 두 그룹은 어떤 공존을 했
을까? 한 공동체 안에서 두 그룹이 있으면서 한 식탁에 앉을 수 없었던 상
황과 이유가 무엇일까?(〈누가공동체의 식탁교제〉, 김호경, 연세대학교 대
학원, 1998) 누가는 식탁교제를 통해 교회공동체가 불편한 공존에서 성숙
한 공존을 향해 나아갈 것을 오늘날 우리에게 말씀하고 있다.

예수님은 밥상공동체로 세리와 죄인들을 초대했다(눅 15:1) 그러자 바
리새인과 서기관들이 어떻게 죄인들과 함께 음식을 먹을 수 있느냐?며 수
군거렸다. 정결법의 기준에서 제외되었던 사람들과 함께 식탁에 앉았으
니 예수는 정결 법을 어긴 것이다. 예수님은 이런 비난을 받게 될 것을 알

고서도 왜 죄인들과 식사를 했을까?

누가복음 15장의 전체적인 구조를 보면

1) 누가복음 15:1-2 예수님과 바리새인, 예수님과 세리와 죄인들의 삼각
   관계 속의 갈등
2) 누가복음 15:3-7 잃은 양 비유.
   "잃은 것을 찾아내기까지 찾아다니지 아니하겠느냐?"고 말씀하시며
   "잃은 것"을 찾았을 때 6절의 말씀처럼 "나와 함께 즐기자"고 말씀하심
3) 누가복음 15:8-10 잃은 드라크마 비유
   "하나를 잃으면… 찾아내기까지 부지런히 찾지 아니하겠느냐?"고 말
   씀하시며 잃은 것을 찾았을 때 9절의 말씀처럼 "나와 함께 즐기자"고
   말씀하심
4) 누가복음 15:11-32 잃은 아들을 되찾는 아버지 비유
   아버지와 큰아들, 아버지와 둘째 아들 그리고 첫째 아들과 둘째 아들
   의 갈등

즉 바리새인으로 비유되는 큰아들은 먼저는 아버지에 대해 불만이 많
다(눅 15:29). 그리고 30절에는 "창녀들과 함께 아버지의 살림을 삼켜 버
린 이 아들"이라는 표현을 통해서 아버지의 둘째 아들에게도 불만을 표
현하고 있다. 하지만 아버지의 마음은 누가복음 15:3-10까지의 말씀처럼
"찾아내기까지 찾아다니지 아니하겠느냐?" 또 "찾았으니 나와 함께 즐기
자"의 표현처럼 바리새인과 서기관 그리고 세리와 죄인들이 한 식탁에 둘

러앉아 기쁨을 함께 누리길 원하신다.

누가공동체의 상황에서 이 본문은 어떻게 해석이 되고 적용이 되었을까?

누가공동체는 세리와 죄인으로 상징되는 이방인 그룹과 유대 종교 지도자로 상징되는 바리새인-서기관 그룹이 한 공동체 안에 있었다. 이것은 누가-사도행전이 기록된 AD70년 이후의 공동체의 상황을 반영한 것으로 두 그룹이 한 공동체 안에 존재함에도 이처럼 불편한 공존을 하고 있었다. 왜냐하면, 15장의 비유들은 14장[64]에 나타난 바리새인들의 식탁을 비판함으로써 두 그룹 간의 갈등을 상징적으로 나타내고 있기 때문이다.

예수님은 자기를 초대한 바리새인의 지도자에게 오히려 가난한 사람과 불구자와 절뚝발이와 소경을 초대하라고 말씀하신다. 그리고 15장에서 예수님은 그들이 보는 앞에 세리와 죄인을 초대하여 함께 식탁교제를 했다. 이것에 대해 예수님은 그들을 비난하고자 함이 아니다. 식탁에서의 예수님의 의도는 세리와 창녀들에 대한 바리새인과 서기관들의 자세를 묘사하려는 것이다. (『예수님의 비유』, 샤이먼 키스트메이커, 기독교문서선교회, 1986, p245)

즉 예수님은 그들로부터 죄인들을 영접하고 그들과 함께 음식을 먹는다

---

[64] 누가복음 14:12-13 그리고서 예수님은 자기를 초대한 사람에게 말씀하셨다. '네가 점심이나 저녁을 대접할 때 친구나 형제나 친척이나 부유한 이웃 사람을 초대하지 말아라. 그렇게 하면 그들도 너를 초대하여 네가 베푼 것을 도로 갚아 버릴지도 모른다. 너는 잔치를 베풀 때 가난한 사람과 불구자와 절뚝발이와 소경들을 초대하여라.'

는 비난을 받고 있었다. 그는 그들에게 만일 자신이 도덕적 불량자들과 야합했다면 스스로 자신을 단죄하는 것이 되겠지만 사실은 그렇지 않다는 것을 이해시키려고 했다. 예수님은 아버지가 살진 송아지를 잡고 "먹고 즐기자"라고 말한 비유를 말씀하심으로써 바리새인들과 서기관들에게 왜 그가 세리와 창녀들과 함께 음식을 먹는가를 가르쳐 주려 했다는 것이다.

불편한 공존의 원인은 무엇일까?

주후 70년대 이후의 시대적인 배경을 보면 예루살렘이 파괴된 이후 제의중심의 삶이 불가능하게 되자, 율법연구를 통한 거룩한 공동체로서의 정체성을 강조하였다. 율법연구는 하나님의 백성 이해—하나님의 선택된 백성—와 연결되어 있었다. 따라서 적어도 구원의 문제와 직결되는 두 그룹 간의 갈등이 존재하고 있음을 보여 준다.

식탁교제를 통해 누가공동체에 전하고자 한 메시지는 무엇인가?

예수님이 죄인과 세리들에게까지 구원의 범위를 확장하셨듯이 이방인들에게까지 구원의 범위를 확장하자는 것이다. 또한, 누가복음 15장은 이방인 선교 반대그룹(큰아들/서기관/바리새인)과 이방인 선교 지지그룹(둘째 아들/죄인과 세리)로 대변되어 이해될 수 있는 것이다. 큰아들은 아버지와 동생의 잔치에 불만을 표하지만, 아버지는 그 아들에 대해서 "내 것은 모두 너의 것"이라는 말로 위로(눅 15:31)하고 죄인으로 상정되는 작은 아들을 받아들인다. 또 유대인으로 상정되는 큰아들에 대한 아버지의 사랑을 표현하고 있다. **누가는 이러한 식탁교제를 통해 두 그룹 간의 갈등상황을 종료하고, 현재의 공동체와 더 큰 공동체의 화해와 공존을 모색하고자 한 것이다.**

교회확장을 중심으로

이제 한국의 교회도 변화되는 시대에 맞게
그 시대 그 지역을 담을 수 있는 그릇으로 준비되어야 할 것이다.

1955년 엘라바마 주의 몽고메리에 사는 로자 파크스는 흑인 전용 칸으로 옮기기를 거부했다는 이유로 경찰에 체포되었다. 이것을 계기로 버스 승차 거부운동이 일어났다. 결국, 버스 회사는 백기를 들고 항복을 했다. 이 운동을 시작으로 미국의 여러 분야에 흑인과 백인의 차별과 분리를 폐지하는 운동이 일어났다. 이처럼 공존은 저절로 얻어지는 것이 아니다. 불합리함에 굽히지 않는 사람과 사회적인 운동으로 이끌어 간 교회와 죽음을 각오한 지도자, 그리고 법 개정이 불안하지만 그래도 오늘날의 미국 사회를 만들었다.

공존하는 교회도 저절로 이루어지지 않았다. 사도행전은 목숨을 내놓은 사도들과 교회지도자들, 그리고 교회적인 상황과 갈등을 지켜보며 "교회와 복음이 무엇인가?"를 통해 문제를 해결하려고 했던 서신들, 마지막으로 하나님의 일하심이 공존하는 교회를 가능케 했음을 보여 주고 있다. 사도행전은 이런 공존하는 교회의 설립 과정을 잘 보여 주고 있다.

사람
사도행전 2장에 성령이 강력하게 임함으로 원근각처에서 온 디아스포라 유대인들이 오순절의 사건을 목도했다. 그리고 베드로가 일어나 말씀을 전하자 삼천 명의 사람들이 세례를 받고 사도의 가르침을 받고 성전에 모이기를 힘쓸 뿐만 아니라 집에서 교제했다. 이것이 예루살렘교회다.

그러면 예루살렘교회의 구성원은 어떻게 될까? 예루살렘교회는 〈그리스 말을 하는 외국 태생의 유대인들 + 히브리말을 하는 본토 유대인들〉로 구성[65]되었다. 같은 유대인이지만 언어가 다르다. 당연히 성장한 문화적인 배경도 다르다. 마치 새터민과 함께 공존하는 교회를 연상케 한다.

예루살렘교회의 갈등은 언어와 문화적인 차이 문제 때문에 발생했다.
물론 외형적으로는 매일의 구제문제(사도행전 6:1)라고 하지만 이 문제를 해결하는 과정을 보면 교회는 7명의 집사를 세웠다. 이제 7명의 일꾼을 자세히 보자 선택받은 일곱 사람은 스데반, 빌립, 브로고로, 니가노르, 디몬, 바메나, 니골라였다. 그들은 그리스어를 사용하는 헬라파 교인들의 지도자였다. 헬라파 대표들에게 구제하는 일의 책임을 맡기자 헬라파 교인들의 불만이 사라졌기 때문이다. [66]

유대인에게만, 헬라인에게도
이제 교회는 평안해졌다. 하나님의 말씀을 더 잘 배울 수 있게 되었다.

---

65) 사도행전 6:1 이때에는 신자들의 수가 많이 불어났다. 그런데 그리스 말을 하는 외국 태생의 유대인들이 매일의 구제 대상에서 자기들의 과부들이 제외된다고 히브리말을 하는 본토 유대인들에게 불평을 하였다.
66) 『BST사도행전강해』(존 스토트, Ivp 2008, p136)에서는 이것은 어디까지나 추측일 뿐 '유대인들의 두 집단 모두에서 일부씩 선출되었을 가능성이 더 많다'고도 말한다.

그 결과 왕성해져 성장했다. 사도행전 7장은 스데반의 죽음을 말하고 있다. 스데반은 위에서 언급한 그리스어를 사용하는 헬라파 지도자이다. 성전이 아닌 교회와 예수 그리스도를 대변하다 죽은 순교자. 사도행전 8장은 예루살렘에 있는 교회에 큰 박해가 발생하자 사람들이 흩어지는 것을 보여 주고 있다.

아무래도 히브리어를 사용하는 유대인보다 그래도 헬라어를 사용하는 유대인들이 더 쉽게 예루살렘을 떠날 수 있었을 것이다. 그중에 빌립은 사마리아를 전도한다. 빌립도 그리스어를 사용하는 헬라파지도자다. 그는 에디오피아 내시를 전도하기도 한다.

사도행전 11:19-20은 스데반의 일로 일어난 환난으로 흩어진 사람들이 베니게와 구브로와 안디옥까지 이르러 말씀을 전하는데, 처음에는 유대인에게만 복음을 전하다 나중엔 "헬라인에게도" 복음을 전하게 되었다.

우리도 이주민에게도 복음을 전하면 된다

엘리아스 메데이로스가 제시하고 있는 지역교회의 사역 7가지 방법(『디아스포라 선교학』, 문창선 역, pp286~289)은 지역교회가 잠에서 일어나 결혼이주민을 교회 안으로 들어오게 할 성공적인 방법에 대해 좋은 아이디어를 제공해 줄 것이다. 꼭 참고하길 바란다.

유대인에게만 아니라 헬라인에게도 복음이 전해진 결과 탄생한 교회가 수리아의 안디옥교회다. 안디옥교회는 바나바를 중심으로 성장했다. 하지만 교회가 성장하자 바나바는 사울을 데려와 함께 공동목회를 했다.

왜 사울이 필요했을까?

바나바가 바울을 찾아간 이유는 안디옥교회에서 가장 필요한 사람은 구약성경을 모르는 이방인 그리스도인들에게 성경을 누구보다도 더 잘 가르칠 수 있는 선생이 필요했기 때문이었다.(『사도행전식 교회개척』 엘머 타운즈·더글라스 포터, 생명의 말씀사, p107)

바나바는 이 일을 사울이 누구보다 더 잘할 것을 알고 있었기에 먼 길을 찾아갈 수 있었다. 이것에 대해 존스토트는 바나바의 겸손함, 그리고 전략에 대한 그의 판단력에 대해 찬탄을 금할 수 없다고 말한다.(『BST사도행전강해』, 존 스토트, Ivp 2008, p239)

바나바는 안디옥에서 이방인이 회심하는 것을 보고 이방인의 사도로 부름받은 사울을 기억했을 것이다. 사울은 디아스포라 유대인으로 헬라적인 배경에 성장했다. 그들의 언어와 문화를 누구보다 더 잘 이해하는 인물이었다.

필자도 문화와 언어가 다른 성도들에게 말씀을 가르치지만 늘 한계를 느낀다. 필자가 늘 하는 말 중에 하나가 "마음이 보이지 않는다."는 것이다. 정말 그렇다. 마음이 보이지 않으니 더 깊은 곳을 터치해 주지 못한다. 당연히 믿음의 성장도 더딜 수밖에 없다.

특히 2세대인 자녀들은 히브리적인 배경이 약하다. 바나바는 히브리인이다. 그러니 2세대 교육의 문제로 고민했을 것이다. 한국에서도 다문화학생은 비다문화 학생에 비해 취학률은 낮고 학업중단율은 높으며, 학교급이 높아질수록 그 격차가 벌어져 고등교육으로의 진입이 취약한 것으로 나타났다. 2015년 기준 취학률 격차를 보면, 초등학교 단계에서는 0.9%p 차이로 미미하나 상급 학교로 갈수록 격차가 심화되어 고등교육 단계에서는 14.8%p에 달했다.

2016년 기준 학업중단율 격차는 초등학생과 고등학생의 경우는 0.18%p 차이로 크지 않으나, 중학생의 경우는 다문화학생의 학업중단율(1.16%)이 전체 중학생(0.61%)보다 2배 가까이 높다. 특히 〈중도입국 청소년 실태 및 자립지원방안 연구〉(한국청소년정책연구소, 2016.)에 따르면, 중도입국 청소년 중 공교육을 받지 않는 청소년의 비율이 30%에 달하는 것으로 나타난다고 한다. (대학저널[최인선 연구원의 입시코칭], 다문화가정 자녀 전형의 모든 것; 출처 http://www.dhnews.co.kr)

바나바과 같은 고민이 우리 사회와 교회에 필요한 이유이기도 하다. 안디옥에서 다소까지는 거의 280km(700리)의 거리이다. 걸어서 일주일 걸리는 거리, 거기다가 안디옥과 다소 사이에는 2,000m의 거대한 산맥이 가로놓여 있다. 바나바는 걸어서 2,000m의 산을 넘어 사울을 만나러 갔다. 엄청난 일이다. 교회를 바르게 세우고 싶은 바나바의 열정과 자리를 탐하지 않는 순수함을 엿볼 수 있다.

더군다나 안디옥교회는 교회의 지도자 구성도 놀랍다 **피부색, 지역, 신분 등이 다양한 구성[67]이다.** 이는 인종적 문화적 다양성을 상징한다. (『BST사도행전강해』, 존 스토트, Ivp 2008, p255) 다시 한 번 더 언급을 한다면 바나바는 구브로 태생인 레위 사람(행 4:36)으로 예루살렘교회에서 파송되어 온 사람이다. 니게르라 하는 시므온은 흑인이라고 생각되는데. 니게르라는 말의 의미는 '검은'이다. 이 말에서 '니그로'라는 말이 나왔다고 한다.

그리고 성경학자들은 이 시므온은 누가복음 23:26에 나오는, 예수님께서 십자가를 지고 가실 때 넘어지고 쓰러질 때 억지로 십자가를 대신 진 구레네 사람 시몬이라고 추측한다. 그렇다면 이 사람은 흑인이며, 시골 사람이다. 구레네 사람 루기오도 흑인일 것 같다. 구레네라는 곳이 북아프라카에 위치한 곳이다. 그리고 예수님의 십자가를 대신 진, 시몬의 고향도 구레네이다.

분봉왕 헤롯의 젖동생 마니엔이라는 사람도 있다. 여기에서 젖동생이란 궁정에서 같이 교육을 받고 자란 아이들에게 붙이는 말이다. 마니엔이라는 사람은 그 당시 갈릴리를 통치하였던 헤롯과 궁정에서 함께 자랐던 왕족이다. 사울은 바리새인이고(빌 3:5) 학문의 중심지인 다소에서 태어났으며, 로마 시민권을 가지고 있었고(행 22:25), 예루살렘에서 가말리엘

---

67) 사도행전 13:1 안디옥 교회에는 예언자와 교사들이 있었다. 그들은 바나바, 니게르 라는 시므온, 구레네 사람 루기오, 갈릴리 지방의 통치자인 헤롯과 함께 자란 마나엔, 그리고 사울이었다.

의 문하에서 수학했다(행 22:3). 처음에는 예수 믿는 자를 박해하였지만 다메섹에서 예수님을 만나서 새로운 삶을 시작한 사람이다.

요세푸스에 의하면 B.C. 2세기 이후 많은 유대인이 안디옥에 정착하여 A.D. 1세기에는 유대인의 수가 많이 증가되었다고 한다. 따라서 언어들도 상이하였다. 본토인들은 아나톨리어, 로마인들은 라틴어, 유대인들은 히브리어, 구스디아인들은 아프리카어 등 각기 자국어를 사용하면서도 헬라어를 공통으로 사용하였다 한다. **안디옥교회는 국제적인 도시에 맞는 공존하는 교회로서 그 시대, 그 지역을 담고 있었다.**

한국교회의 경우는 어떠한가?

과거와 다르게 우리가 살고 있는 마을에서 쉽게 이주민을 만날 수 있다. 이민 허용과 외국인 고용허가제의 유연화가 시행된다면, 지금보다 더 많은 이주민을 만날 수 있을 것이다.

이제 **한국의 교회도 변화되는 시대에 맞게 그 시대 그 지역을 담을 수 있는 그릇으로 준비되어야 할 것이다.**

하나님의 역사와 서신서들

사도행전 15장은 예루살렘 공의회가 열렸다. 사도행전 15:1에서 "이방인들도 모세의 법대로 할례를 받지 아니하면 구원을 받지 못하는가?"가 안건이었다. 바울과 바나바를 비롯해서 교회 안에 적지 않은 내분이 발생했다. 그래서 예루살렘 공의회에 안건을 제시하고 결정을 따르기로 했다. 법제화하겠다는 것이다. 그런데 여기에 놀라운 하나님의 일하심이 먼저 있었다. 사도행전 10장과 11장에는 베드로가 고넬료에 한 일들이 기록되어 있다. 그리고 그것을 보고했는데 사도행전 11:17[68]이 결론이다.

예루살렘 공의회에서 베드로는 고넬료의 일을 기억하며 사도행전 15:7-11의 말로 변론[69]한다. 다음으로 바나바와 바울이 그 동안의 사역에 대해 이야기 한다(행 15:12) 그리고 야고보가 결론을 내린다.[70] **예루살렘 공의회의 결정으로 초대교회의 이방 선교 사업이 기독교의 정통성을 공고히 한 가운데서 더욱 활성화되었다. 만약 신약 시대에도 이방인들의 개종을 조건으로 할례와 같은 구약의 의식법을 요구했었더라면 그것은 이방인들을 복음화하는 것이 아니라 단순히 유대인화하는 셈이 되었을 것이다.**

그렇게 되었을 경우 기독교는 유대교와 별반 다를 바 없는 유대민족종교의 성격을 벗어나지 못하였을 것이다. 그러나 신약 시대에는 이방인은 물론 전 성도에게 구약 의식법 및 모든 율법 조항의 문자적 준수를 요구해서는 안 된다는 공의회의 결정으로 말미암아 이방인들은 복음을 받아들이기 위해 자기 민족과 문화를 떠나지 않아도 되었으며 이렇게 됨으로써 기독교는 세계적 종교로 발전할 수 있는 여지를 마련하게 된 것이다.

---

68) 사도행전 11:17 주 예수그리스도를 믿었을 때 하나님이 우리에게 주신 것과 같은 선물을 그들에게도 주셨으니 내가 누군데 하나님의 일을 막을 수 있겠습니까?

69) 사도행전 15:10 그런데 어째서 지금 여러분은 우리 조상이나 우리가 질 수 없었던 무거운 짐을 그들에게 지워 하나님을 시험하려고 하십니까?

70) 사도행전 15:19-20 그러므로 내 생각에는 하나님께로 돌아오는 이방인들을 괴롭히지 말고 다만 우상에게 바친 더러운 제물과 음란과 목매어 죽인 것과 피를 멀리하라고 그들에게 편지하는 것이 좋겠습니다.

이는 이제 신약에 이르러 세계 만민에게 구원의 복음이 확장되게 하시려는 하나님의 섭리의 결과였다.

예루살렘공의회의 결정은 두 가지 영구적인 교훈을 담고 있다. (『BST사도행전강해』, 존 스토트, Ivp 2008, pp301-304)

첫째는 기독교적 구원의 문제이다

사도행전 15장은 베드로 바울 그리고 야고보가 논쟁하는 듯 보이지만 일치된 복음을 말하고 있다. 그 결과 복음의 하나 됨은 교회의 하나 됨을 유지시켜 주었다. 결론을 말하자면 유대인들과 이방인들은 똑같은 방식으로 하나이고 유일한 하나님의 은혜에 대한 사도적 복음을 통해 구원받는다는 것이다.

둘째는 기독교적 사랑의 문제이다

바울이 복음을 타협하지 않고서, 어떻게 교회를 연합시킬 수 있었는가? 그것은 그의 마음과 정신의 위대함에 있다고 한다. 즉 구원은 은혜로만 된 것이며 할례는 중립적이라는 신학적인 원리를 확고하게 한 후, 유대인 지도자들이 이방인 회심자들에게 제외한 4가지 금기사항을 받아들였다. 그리고 디모데가 계속 할례를 받지 않고 있으면 마음이 상하게 될 유대인들을 고려하여 할례를 주었다는 것이다. 그래서 이것을 이중적 승리—은혜의 복음을 확증하는 진리의 승리와 유대인들이 양심의 가책을 받지 않도록 민감하게 양보하는 것에 의해 교제를 보존하는 사랑의 승리—를 거두었다고 말한다.

공의회의 결정은 편지에 담겨 바나바와 사울 그리고 여러 사람에 의해 함께 안디옥과 수리아 그리고 길리기아 등지에 있는 교회에 전해졌다.[71] 기록된 편지는 안디옥교회가 편지를 받았다(행 15:30-35). 그리고 수리아와 길리기아에 있는 여러 교회가 편지를 받았음(행 15:36-41)을 알 수 있다. 그들은 예루살렘에 있는 사도와 장로들의 적정한 규례를 저희에게 주어 지키게 했다. 또한, 이 같은 결정은 성령님의 뜻이며 사도들의 뜻이라고 분명히 법제화했다.[72]

---

71) 사도행전 15:25-28 그래서 우리가 몇 사람을 뽑아 우리의 사랑하는 친구 바나바와 바울과 함께 여러분에게 보내기로 했습니다. 바나바와 바울은 우리 주 예수 그리스도의 이름을 위해 생명을 아끼지 않는 사람들입니다. 우리가 유다와 실라를 대표로 뽑아 보냈으니 그들이 이 편지 내용을 직접 말해 줄 것입니다.
72) 사도행전 15:28 꼭 필요한 것 몇 가지 외에는 여러분에게 아무 짐도 지우지 않으려는 것이 성령님의 뜻이며 우리의 결정입니다.

에베소서를 중심으로

에베소교회는 바울의 3차 전도여행 때 이곳을 방문해 세웠다. 에베소교회는 어느 한 교회를 가리키는 것이 아니라 당시 에베소 지역에 있던 모든 교회를 아우르는 개념으로 이해된다. 그 교회들을 향해 보내진 에베소서는 "교회란 무엇인가"에 대한 깊은 통찰력을 담고 있다.

에베소서의 교회는 유대인과 이방인의 범-통합적인 교회론을 말하고 있다. 교회는 유대인과 이방인이 그리스도 예수 안에서 그의 피로 하나가 된 공동체, 즉 교회는 그리스도가 흘린 십자가의 피로 하나 된 신령한 영적 공동체임을 강조한다. 또한, 교회공동체 구성원에게 "힘써 그 하나 됨을 지킬 것"을 말씀하고 있다. 이것은 단순히 시대적인 흐름이 아닌 그리스도의 십자가의 사건을 통해 어느 시대이든 불멸의 진리임을 말씀하고 있다.

에베소교회의 구성원은 에베소서 1:1은 편지의 수신인으로 "에베소에 있는 성도들"과 "그리스도 안에 신실한 자들"로 이중의 수신자임을 알 수 있다. 그렇다면 성도는 누구이고 또 그리스도 안에 신실한 자들은 누구인가?

에베소서 2:19은 "너희는 외인도 아니요 나그네도 아니요 오직 성도들과 동일한 시민"이라는 표현을 통해 유대인 그리스도인과 이방인 그리스도인임을 알 수 있다(에베소서에 나타난 심층-구조적인 교회론 서동수 신학논단 제92집, 2018. 6. 30. pp187-220). **즉 에베소교회는 유대인 그리스도인과 이방인 그리스도인이 공존하는 교회임이 틀림없다.**

사도행전 19:1-20에는 에베소교회가 어떻게 형성이 되었는지 상세하게 기록하고 있다. 바울이 에베소에 와서 요한의 세례만을 받은 어떤 제자들을 만나 복음을 전했는데, 그때 12명쯤 되는 사람들이 주 예수의 이름으로 세례를 받게 된다. 이들이 든든한 에베소 교회의 개척 멤버가 된 셈이다. 바울은 회당에서 석 달 동안 하나님 나라에 관하여 강론하고 권면하였다. 그러나 항상 결과가 좋은 것만은 아니었다.

그래서 장소를 옮겨 두란노서원에서 두 해 동안 날마다 강론한 결과 아시아에 사는 유대인이나 헬라인이나 주의 말씀을 들었다. 17절의 말씀을 보면 에베소에 사는 유대인이나 헬라인이 에베소에서 일어난 일을 알고 난 후 두려워하며 주 예수의 이름을 높이고 믿는 사람들이 많이 와서 자복하여 행한 일을 알렸다고 한다. 에베소는 하나님의 말씀이 왕성하게 일어난 곳이었다.

하지만, 이인인 그리스도인과 유대인 그리스도인 사이에 갈등이 존재했다. 할례와 관계가 있음을 알 수 있다[73]. 이전엔 유대인들에게 할례받지

---

73) 에베소서 2:11(현대인의 성경) 그러므로 여러분은 지난날을 생각해 보십시오. 날 때부터 이방인이었던 여러분은 손으로 포피를 잘라 할례를 행한 유대인들에게 '할례 받

못한 사람들이라고 멸시를 하더니 이제는 이방인 그리스도인도 할례를 받아야 한다며 할례로 인한 갈등이 존재했음을 알 수 있다.(『메인 아이디어 시리즈 5』, 도서출판디모데, 2004, p169)

성령으로 연합하여 사이좋게 지내도록 노력하십시오(엡 4:3)

바울은 이와 같은 갈등을 겪고 있는 에베소교회가 그리스도 안에서 성숙한 공존을 이루는 교회가 되길 원했다. 바울은 이방인 그리스도인과 유대인 그리스도인이 하나 된 교회를 힘써 세워 가길 간절히 원했다. 바울은 에베소서 2:11-12에서 이스라엘과 이방인의 옛 등식관계를 말한 후, 에베소서 2:13-18에서 그리스도를 통한 이스라엘과 이방인의 새로운 등식관계를 말하고 있다.

이제는 그리스도 예수 안에서 그리스도의 피로 가까워졌다(엡 2:13) 그리스도는 이방인과 유대인을 가로막았던 벽을 허무셨다(엡 2:14). 계명의 율법을 폐하고 이방인과 유대인을 자기 안에서 한 새 사람을 지어 화목하게 하셨다(엡 2:15). 특히 16절에는 십자가로 이방인과 유대인을 한 몸이 되게 하셨다. 17절에 먼 데 있는 너희(이방인)와 가까운데 있는 자들(유대인) 모두에게 평안을 전하셨다. 이제는 한 성령 안에서 아버지께 나아감을 얻었다(엡 2:18). 그러므로 이제부터는 외인도 아니요 나그네도 아니요 오직 성도들과 동일한 시민이요 하나님의 자녀임을 분명히 하고 있다(엡 2:19).

지 못한 사람들'이라고 멸시를 받았습니다.

바울은 에베소교회 교인들에게 "하나 된 교회를 힘써 지켜라"고 말한다. 현대인의 성경은 "성령으로 연합하여 사이좋게 지내도록 노력하십시오(엡 4:3)"로 표현하고 있다.

더 나아가 바울은 교회가 하나 되기 위해 성도들에게 무엇이 필요한지 말하고 있다. 특히, 에베소서 4:2에서 겸손, 온유, 오래 참음 그리고 용서에 대해 말한다. 이것은 마치 우리 사회가 공존을 위해서는 **'이주민에 대한 인식의 변화'**가 필요하듯 단순히 개인적인 덕목 그 이상의 의미가 있다. "공존 그 이상의 공존하는 교회공동체"를 세우기 위해 교회의 지도자와 교회 성도가 갖추어야 할 성품들이다.

성전을 중심으로

우리들 중에는 다양한 사람들이 교회에 오는 것을 거부할 사람은 그렇게 많지 않을 것이다. 하지만 그것이 우리 교회가 될 때는 말이 달라진다.

스가랴 2:4[74]의 **"성곽없는 성읍"** 말씀에 붙들렸다. 도대체 이것이 무엇일까? 스룹바벨 성전을 말하고 있다. 외형적으로 솔로몬 성전과 비교되어 사람들은 실망했다. 크기와 외형, 비교가 되지 않는다. 더군다나 예루살렘 성벽은 무너져 있는 상태이다. 학개서는 이 광경을 지켜본 사람 중에 과거의 영광을 알고 있는 사람들이 "울었다" 말한다. 그때 측량줄을 손에 잡고 예루살렘의 너비와 길이를 측량하는 천사가 등장한다.

초라한 스룹바벨 성전을 측량할 일이 어디에 있다고 이렇게 급하게 달려가는 것인가? 이때 사람의 눈에는 보잘것없었던 스룹바벨 성전이 있는 예루살렘에 대하여 "사람과 가축이 많으므로 성곽 없는 성읍이 될 것이라" 말씀하신다. 놀라운 말씀을 하신다.

---

74) 스가랴 2:4 이르되 너는 달려가서 그 소년에게 말하여 이르기를 예루살렘은 그 가운데 사람과 가축이 많으므로 성곽 없는 성읍이 될 것이라 하라

스가랴 8:23[75]은 종말론적인 의미에서 회복된 예루살렘을 말한다. "그 날에는 말이 다른 이방 백성 열 명이 유다 사람 하나의 옷자락을 잡을 것이라" 이렇게만 된다면 예루살렘은 사람들로 차고 넘치게 될 것이다. 언어가 다른 사람들과 함께 살아가는 예루살렘을 상상해 보라. 사람과 가축이 너무 많아 성곽이 있는 그 자체가 거추장스럽게 될 것이다.

그렇게 보면 솔로몬도 이방인을 위해 기도했다[76]. 하지만 솔로몬 때보다 좀 더 적극적이고 구체적으로 이방인이 예루살렘으로 오는 것을 스가랴는 묘사하고 있다.

그런데 헤롯성전은 어떠한가? 이방인과 유대인은 더 이상 안쪽으로 들어갈 수 없는 경계인 담장 '소렉(Soreg)'으로 인해 구분되었고 담장에는 화강암으로 된 표지석에 "어떤 이방인도 이 경계를 넘어 성소와 현관 안으로 들어오지 못한다. 만약 어기는 자는 자신의 죽음에 대하여 자신에게 책임이 있음을 알아야 한다"라는 글귀가 적혀 있었다. 심지어는 유대인으로 개종한 이방인도 출입이 금지되었다.

---

75) 스가랴 8:23 만군의 여호와가 이와 같이 말하노라 그 날에는 말이 다른 이방 백성 열 명이 유다 사람 하나의 옷자락을 잡을 것이라 곧 잡고 말하기를 하나님이 너희와 함께 하심을 들었나니 우리가 너희와 함께 가려 하노라 하리라 하시니라

76) 열왕기상 8:41-43 또 주의 백성 이스라엘에 속하지 아니한 자 곧 주의 이름을 위하여 먼 지방에서 온 이방인이라도 그들이 주의 크신 이름과 주의 능한 손과 주의 펴신 팔의 소문을 듣고 와서 이 성전을 향하여 기도하거든 주는 계신 곳 하늘에서 들으시고 이방인이 주께 부르짖는 대로 이루사 땅의 만민이 주의 이름을 알고 주의 백성 이스라엘처럼 경외하게 하시오며 또 내가 건축한 이 성전을 주의 이름으로 일컫는 줄을 알게 하옵소서

이방인의 뜰로 알려진 바깥뜰은 헤롯이 성전을 확장 공사하면서 생긴 일종의 광장이다. 이방인에게 여기까지만 개방되어 있는 것이다. 이방인을 하나님께로 인도해야 할 종교인들은 장사꾼이 되어 있었다. 이방인과 유대인의 경계는 명확해서 주께로 돌아온 이방인들조차도 안으로 들어갈 수 없는 배타적인 공간이 되었다.

스룹바벨 성전은 작지만 이방인을 품으려는 하나님의 마음이 얼마나 풍성한 곳인가! 스가랴 2장과 8장의 사건은 바벨탑 사건 이후 언어로 흩어진 열방의 족속들이 다시 모여 참된 연합과 일치 사건을 말하고 있으며 또 나아가 복의 근원이 될 아브라함의 언약의 성취를 말한다(『내게로 돌아오라』, 장세훈, SFC, 2007, p295). 그런데 이 "성곽 없는 성읍"이 오순절 성령강림이후 교회들에 의해 실현되었다.

성전건축에 있어서 솔로몬 성전은 이방인 15만여 명을 강제로 징집하여 노역을 시킨 반면에 스룹바벨 성전을 건축한 사람들은 마음에 감동받은 사람들이었고 즐거이 예물을 드리는 사람들이었다(스 1:5-6). 헤롯 성전은 요즘으로 치면 건축업자가 지은 건물이었다. 예수님은 "너희가 보는 것들이 날이 이르면 돌 하나도 돌 위에 남지 않고 다 무너뜨리우리라"(눅 21:5-6) 말씀하셨다(『미국을 움직이는 작은 공동체 세이비어 교회』, 유성준 평단, 2007, pp124-134).

귀환한 42,360의 사람 중에는 순수 유대인이 아닌 사람들도 있었다. 느디딤 사람들은 혈통적으로 순수한 유대인들이 아니다. 성경학자들의 견

해에 따르면 전쟁 포로의 후예들이라고 한다. 여호수아 9:27의 기브온 사람들처럼 가나안 사람 혹은 이방포로들의 후손일지도 모른다고 말한다. 그 근거로 에스라 2:43 이하에 나오는 이방 이름들이 이 사실을 뒷받침 해 준다고 한다. (『IVP 성경사전』 한국기독학생회출판부, 2002)

솔로몬의 신복의 자손들도 순수한 혈통을 가진 유대인들이 아니다. 어떤 사람들은 가나안 사람이라고 말하고 어떤 사람은 노예의 후손이라고 말한다.

하지만 과거의 신분과 상관없이 지금 그들은 하나님 나라의 백성이며 이스라엘 공동체의 일원이 되었다. 이들 모두는 자원해서 성전을 건축하기 위해 돌아왔다. 그런 의미에서 김지찬 교수는 에스라-느헤미야에서의 초점이 "하나님의 전을 지은 백성들"에게 있음을 분명히 하고 있다. (『요단 강에서 바벨론 물가까지』, 김지찬, 생명의 말씀사, 2009, p597)

스룹바벨 성전은 비록 작았지만 파괴되지 않았다. 성전을 건축한 사람의 구성과 자발성에 있어 어느 성전보다 뛰어났다. 이처럼 교회는 스룹바벨 성전처럼 다양한 성도들의 땀과 기도로 세워져야 한다. 오늘날의 교회도 이주민과 선주민이 함께 땀과 기도로 세워 가야 한다. 공존하는 교회는 이런 의미에서 오늘날 한국교회와 성도들이 반드시 회복시켜야 할 교회인 것이다.

3부

이주민에 대한 인식변화

스스로 더 낮아지는 겸손

이주민성도는 배려의 대상이 아닌

교회를 함께 세우는 동역자이다.

요즘은 인식변화를 위한 교육을 강조한다. 그런데, 문제는 인식변화의 주체가 이주민을 대상으로 하는 경우가 많다는 것이다. 인식에 대한 교육은 모두에게 해당되는 것이다. **그렇다면 교회의 성도는 이주민성도에 대해 어떤 인식의 변화가 있어야 하는가?** 성도들과 사역자에게 에베소서 4:1-3이 말하는 아래의 4가지가 더욱 필요하다. 첫째는 겸손이다.

박성춘이 백정이라는 사실이 알려지면서 곤당골교회는 소란스러워졌다. 백정과 동등한 권리와 의무를 지고 한 하나님의 자녀로 차별 없이 지낸다는 것을 양반 성도의 입장에서는 받아들일 수 없었기 때문이다. 마찬가지로 선주민들은 이주민에 대한 편견을 어느 정도 가지고 있다. 그래서 한국인이 아닌(비록 국적을 취득하거나 영주권을 취득하더라도) 외국인과 똑같은 조건에서 신앙생활을 한다는 것을 받아들이지 못하는 성도들이 있을 수 있다. 그러므로 예수님의 겸손의 성품을 배워야 한다.

겸손이란 무엇인가? 겸손은 "더 낮아지는 태도"이다. 그 마음은 예수님의 태도를 통해 구체적으로 나타난다. 빌립보서 2:5(현대인의 성경)에는 그리스도 예수님과 같은 태도를 가지라고 말씀한다. 예수님의 태도는 "성육신"에서 나타난다(빌 2:6-8). 그는 낮아지셨다. 예수님은 하나님과 동일하신 분(빌 2:6)이지만, 그럼에도 불구하고 인간의 몸으로 오셨다(빌 2:7). 이것만 하더라도 실로 놀라운 일인데. 더 낮아지셨다. 나의 죄를 용서하시기 위해 죽기까지 복종하셨다(빌 2:8). 이처럼 **낮아지고 더 낮아지는 것이 겸손이다.**

필자는 김미경 강사의 자녀 이야기를 듣고 참 많은 감동을 받았다. 그녀는 더 낮아진다는 것이 무엇인지 구체적인 삶을 통해 알려 주었다. 실용음악을 전공하는 고등학교를 다니던 아들이 어느 날 자퇴를 하고 집으로 왔다. 자기 방안에서 하루 종일 나오지도 않고 심지어 밥 먹는 시간에도 나오지 않았다. 가족이 모두 출근하면 그때 나왔다. 지켜보는 엄마의 마음은 땅이 꺼지고 하늘이 무너지는 마음이었단다. 어느 날 자녀를 지켜보면서 엄마로서 이런 마음이 들었다고 한다.

"내 자녀가 지하 12층이면 나는 지하 13층이 되어야 한다"

무슨 말인가? 더 이상 자녀의 삶이 망가지지 않고 무너지지 않도록 내 자녀가 엄마의 등을 딛고 일어날 수 있게 해야겠다는 마음인 것이다.

그러므로 성경이 말하는 겸손은 "나를 살리기 위해 포기하지 않고 죽기까지 **더 낮아지신 예수님의 마음**"이다. 바울은 예수님의 그 겸손의 마음을 품고 살아가길 원했다. 빌립보서 2:3은 무슨 일이든지 다툼이나 허영으로 하지 말고 겸손한 마음으로 자기보다 남을 낫게 여기라고 말씀한다.

함께 살아가고 함께 교회를 세워 갈 모든 성도가 언어와 문화 심지어는 피부색이 다른 이주민과 이주민성도에게 "당신이 나보다 더 낫다"는 겸손한 마음을 갖게 된다면 현재의 불편한 공존은 좀 더 성숙한 공존으로 이어질 것이다. 그리고, 이주민성도를 배려의 대상이 아닌 교회를 함께 세우는 동역자로 여기게 될 것이다.

공존하는 교회를 세우려는 거룩한 고집, 온유

바울처럼 사무엘 F. 무어 선교사처럼 교회공동체를 진리 안에서
바르게 세우려는 고집인 온유함이 있어야 한다.

지역교회에서 이주민과 공존하는 교회를 세우고자 할 때 많은 성도가
우려하는 목소리를 낼 것이다. 어쩌면 사무엘 F. 무어 선교사에게 이 주사
의 말처럼 공간을 나누고 시간을 나누어 예배를 드리자는 제안 즉 함께하
지만 분리하자고 제안을 해 올 것이다. 하지만, 교회의 지도자는 하나 된
교회를 지키고자 온유한 마음으로 권면해야 할 것이다.

바울은 갈라디아서 6:1에서 어떤 사람이 잘못을 범했다면 성령님을 따
라 사는 여러분은 온유한 마음으로 그런 사람을 바로 잡아 주십시오라고
말씀한다. 어쩌면 이것은 갈라디아서 2:11에 베드로가 안디옥에 왔을 때
그가 잘못한 일로 공개적으로 그를 책망한 것을 두고 한 말일 것이다.

무슨 일이 있었을까? 베드로는 무엇을 잘못했길래 공개적으로 책망을 들었
을까?

바울은 율법이 아닌 오직 복음으로 안디옥교회를 세웠다. 이 복음의 진
리를 따라 오직 믿음으로 유대인이나 이방인이나 모두 한 하나님의 자녀
가 되고 동등한 하나님의 백성으로 한 몸 된 교회공동체를 함께 세운 것
이다. 그들은 다양한 신분과 다양한 인종과 다양한 언어를 사용하는 사람

들이었지만 함께 모였고, 함께 음식을 나누고 함께 예배를 드렸다. 그런데 베드로가 이 복음이 진리를 따르지 않았다. 갈라디아서 2:12의 말씀처럼 베드로는 이방인과 함께 음식을 먹다가 야고보가 보낸 유대인 몇 사람이 들어오는 것을 보고 겁이 나서 나가 버렸기 때문이다.

겉으로 보기에 사소한 잘못처럼 보인다

단순하게 보면 "밥을 먹다가 그 자리를 피한 행동이다." 일상 속에서 일어날 수 있는 아주 작은 일이다. 더군다나 어떤 면에서는 지혜로워 보인다. 사실 "야고보가 보낸 유대인 몇 사람"은 까다로운 사람들이다. 이 사람들과 마주치면 밥 먹다가 언성이 높아지고 서로 불편해질 수 있었다. 어떤 의미에서 베드로의 행동은, 좋은 분위기를 깨지 않고, 서로 좋게 넘어갈 수 있는 지혜로운 행동처럼 보인다.

그런데 바울은 아주 심각한 문제로 보았다

갈라디아서 2:13에는 베드로의 행동의 결과를 말하고 있다. "그러자 다른 유대인들도 안 먹은 체하며 밖으로 나갔고 바나바까지도 그들의 위선에 유혹을 받았습니다." 실제로 안디옥교회는 "함께"가 아닌 두 개의 공동체(유대인 교회공동체 + 이방인교회공동체)로 분열될 위기에 처했다.

이렇게 심각한 문제를 해결하기 위해 바울은 온유한 마음을 사용했다

온유한 마음이란 무엇일까? **성경이 온유는 "동물이나 짐승을 훈련(Traing)시켜 주인과 그의 말(言)에만 복종케 하는 것"이다. 바울의 온유의 모습은 "복음의 진리를 대하는 바울의 태도"에서 나타난다. 그는 복음**

의 진리에만 복종하고 그렇지 않은 것은 복종하지 않았다(갈 2:5). 그런 의미에서 바울은 성경이 말하는 온유한 사람이다.

갈라디아서 2:14-21은 그의 행동이 복음의 진리에 미칠 나쁜 영향에 대해 신중하며 진심이 담긴 충고에 가깝습니다. 그러므로 바울이 말하는 온유한 심령(마음)으로 책망하는 것은 입이 아닌 마음으로 하는 권면이다. 그 결과, 베드로와의 관계도 나빠지지 않았고 교회공동체도 지킬 수 있었다. **그러므로 온유는 교회공동체를 진리 안에 바르게 세우고자 하는 거룩한 고집인 것이다.**

사무엘 F. 무어 선교사에게 한 이 주사의 중재안은 교회를 분열시키지 않고 공존할 수 있는 합리적인 대안이었다. 하지만, 같은 공간에 백정과 천민이 따로따로 앉자 예배를 드린다는 것은 올바르지 않았기에 무어 선교사는 하나 된 교회공동체를 지키고, 또 반발하는 양반 성도를 지켜 내기 위해 온유한 마음으로 "한 하나님의 자녀들이 한 방에 있지 않고 따로따로 떨어져 있는 것은 이상한 일입니다"며 권면했다.

공존하는 교회를 세우려는 목회자와 성도들은 바울처럼 사무엘 F. 무어 선교사처럼 교회공동체를 진리 안에서 바르게 세우려는 고집인 온유함이 있어야 한다.

이해하고 배려하는 기다림

이주민성도가 처한 상황의 특수성을
충분히 이해해주어야 한다

초창기(=1세기)의 교회 예배는 함께 식사하는 것이 중요했다. 그들은 모일 때마다 매주 특별한 식사를 했다. 책『1세기 교회 예배 이야기』에는 그들의 식사 모임은 몇 가지 특이한 것이 있었다.

1) 어린아이부터 어른까지 2) 남자이든 여자이든 모두 3) 자유인이든 노예이든 상관없이 특별히 시중드는 사람 없이 함께 4) 각자 조금씩 음식을 준비해 와서 요즘으로 치면 뷔페식 식사를 하며, 5) 정해진 종교의식을 따르는 것이 아니라 자연스럽고 자유로운 예배 모임을 가졌다.

그런데, 바울은 고린도 교회에서 이루어진 이런 예배 모임을 책망했다 (고전 11:17) 왜 책망했을까? 결론부터 말하면 성도들이 서로를 이해하고 배려해 주지 않았기 때문이다. 고린도전서 11:21에는 여러분이 가져온 음식을 나눠 먹지 않고 각자 자기 것을 (**기다리지 않고**) 먼저 먹어 버리므로 어떤 사람은 배가 고프고 어떤 사람은 취하기 때문이라 말씀한다.

기다리지 않고(without waiting for anybody else.) 먼저 먹어 버렸기 때문이다. 고린도 교회는 늦게 오는 사람을 기다리지 않았고 또 그들을 배려하여 음식을 따로 남겨 두지도 않았다. 그래서 모임에 늦은 사람들은 제대로 먹지 못하였다. 현실적으로 배려하는 모습은 "조금 더 기다리거나" 그래도 늦어질 경우 "먹기 전에 따로 음식을 챙겨 놓는 것이다." 그런데, 기다리지 못하고 먼저 음식을 먹고 먹다 남은 부스러기만을 주었으니 바울은 상대방을 이해하고 배려하는 마음이 조금도 없게 되었다고 책망한 것이다.

그러면, 그 당시 늦게 온 사람이 누구일까? 고린도전서 11:22에 가난한 자들—자유가 없는 노예나 해방 노예 신분의 성도들—이다. 이 사람들은 주인이 허락해 주든지 아니면, 하루의 근무시간이 끝나야 올 수 있는 사람들이다. 그런데, 연장근무를 하게 되면, 또, 예상하지 못한 일들이 발생하게 되면 정해진 시간에 올 수 없다.

다시 한 번 더 생각해 보라! 일이 늦게 끝나서 제대로 씻지도 못하고 더군다나 각자 챙겨야 하는 음식도 준비할 시간이 없지만, 그럼에도 늦게라도 예배 모임에 오는 성도들이 얼마나 귀하고 아름다운가! 교회는 이런 사람들을 더 챙겨 주고 더 배려해 주어야 한다. 바울은 상대방이 처한 상황을 이해하고 배려하라는 의미로 "서로 기다리라"[77]는 말로 표현했다. 이주민성도가 처한 상황의 특수성을 충분히 이해해 주어야 한다는 말이다.

---

77) 고린도전서 11:33 형제 여러분, 그러므로 여러분은 성찬을 위해 모일 때 서로 기다리십시오.

그리스도의 사랑으로 용납

배신감은 사랑으로 용납할 줄 알아야 한다.
아무런 조건 없이 사랑을 실천할 줄 알아야 한다.

간혹 이주민에게서 이용당한다는 느낌을 많이 받을 것이다. 한때 알았던 네팔 자매가 있었다. 필자가 믿을 만한 분을 통해 취업도 도와주었다. 그런데 그 후, 잘 나오던 교회를 나오지 않았다. 그때 필자가 느낌 감정은 배신감이었다. 하지만 배신감은 사랑으로 용납할 줄 알아야 한다. 아무런 조건 없이 사랑을 실천할 줄 알아야 한다.

바울은 주인을 배신하고 도망친 오네시모를 용납하라고 말씀한다(몬 1:17). 하지만, 빌레몬의 입장에서는 결코 쉬운 일이 아니었다. 왜냐하면 은혜를 원수로 갚았기 때문이다. 그래서 간혹 어떤 사람은 "너무 잘해 주면 안 된다"는 말을 하기도 한다.

바울은 개인적인 친분을 이유로 용납하라고 말하지 않았다(몬 1:17-22). 용납의 문제를 주님과의 관계로 보았다. 빌레몬서 1:10에 빌레몬은 한 사람의 도망친 노예가 아니라 갇힌 중에서 낳은 아들이라 말한다.

나를 구원하신 예수님 때문에 사랑으로 용납하고 용서하는 것이다. 이처럼 "예수님과의 관계"는 다른 사람을 용서하고 받아들이는 문제를 푸는 핵심이다. 예수님은 이방인이나 유대인이나 동등한 한 하나님의 자녀로 부르셨다. 그러므로 바울은 빌레몬서 1:16에서 "이 후로는 빌레몬을 종과 같이 대하지 말고 종 이상으로 곧 사랑받는 형제로 두어라"고 말씀한다. 마지막으로 단순히 교회 나오는 조건으로 도움을 주지 마라. 먼저 그리스도의 사랑으로 이주민을 품어야 한다. 꼭 그렇게 해야만 한다.

지금의 교회가 대그룹과 소그룹 안에서 유대인과 이방인의 두 날개로 날았던
초대교회처럼 날아오르는 교회가 되길 소망한다.

2020년 1월 명절을 보내기 위해 고향을 방문한 성도들로부터 입국이 한
두 달 연기될 것 같다는. 연락이 왔다. 그 당시만 하더라도 COVID-19는
조금 심한 감기라 생각했다. 하지만, 아직도 긴 터널을 벗어나지 못한 교
회들이 여전히 많다. 백신이 개발되면 모든 것이 괜찮아질 것이라며, 성
급하게 샴페인을 터트리기도 하였지만, 필자가 섬기는 교회는 아직도 현
재진행형이다. '다시 세울 수 있을까?' 몸부림쳐 보지만 장담할 수 없는 현
실을 마주하고 있다. 우리는 아직도 끝나지 않은 싸움을 하고 있다.

그당시 필자가 섬기는 교회는 큰 파도를 만난 작은 배에 불과했다. 살기
위해 발버둥 쳤고 주님 앞에 머물러야만 했다. 그리고, 다시 "교회란 무엇
인가?", "지금 이 시대 교회를 향하여 주님이 당부하시는 것은 무엇일까?"
를 고민했다. 본 책은 이런 필자의 고민과 다인교회가 지금까지 걸어온
과정에서 주님과의 만남을 통해 세상에 나오게 되었다.

특히 필자는 일곱 교회에 주신 주님의 말씀에 위로를 많이 받았다. 요한은 주의 날에 성령에 감동되어 하나님의 음성을 듣게 된다(계 1:10) 그 음성의 내용을 기록하여 일곱 교회에 보내라(계 1:19)고 하셨다. 여기서 일곱은 완전한 숫자이기 때문에 소아시아의 일곱 교회뿐만 아니라 이 땅에 존재하는 모든 교회를 의미한다. 요한계시록 2장과 3장의 교회는 이 땅의 모든 교회를 의미한다. 그러므로 요한계시록은 '이 땅의 모든 교회를 향한 메시지'이다.

먼저 일곱 교회처럼 교회는 다양하다. 이주민이 중심이 된 교회를 보더라도 외국인 근로자들이 모이는 교회, 유학생이 모이는 교회, 난민 그리고 북한 이탈주민이 모이는 교회도 있다. 그리고 결혼 이주민 중에는 그들만의 언어와 문화를 존중하여 별도로 예배를 드리길 원하여 교회를 세우기도 한다. 그리고 필자가 말하는 함께 이루어져 가는 교회 즉 공존하는 교회와 선주민이 중심이 된 교회도 있다.

주님은 이 모든 교회를 다 사랑하시고 각 교회에게 다른 약속을 주셨다. 하지만 모든 교회가 "이기는 교회"가 되길 원하신다(『내가 속히 오리라』, 이필찬, 이레서원, 2007, p101, p224).

필자는 이기는 교회가 되는 것이 공존하는 교회를 지향하는 교회들을 향한 주님의 마음이라 확신한다.

필자의 간절한 바람은 전국에 흩어진 다양한 교회들이 이기는 교회가 되어 다시 일어나 이주민과 성숙한 공존을 위한 사역에 동참하는 것이다. 또한, 건강한 샛강을 회복시키는 공존하는 교회를 개척하길 원한다.

가야 할 길이 멀다. 하지만 열매는 미약하다. 잠자는 거대한 사자(특히 선주민 중심의 지역교회)가 일어나 전국 방방곡곡에서, 유대인과 이방인이 주님의 피로, 한 몸이 된 것같이, 이주민과 선주민이 그리스도 예수 안에서 복음으로 교회공동체를 통하여 성숙한 공존을 이루어 가길 소망한다.

또, 필자는 사도행전을 읽으며 교회의 성장 과정에서 2가지를 알게 되었다. **초대교회는 두 날개를 가진 교회였다.** 두 날개라고 하면 우리가 잘 알고 있듯이 대그룹과 소그룹을 말한다. **그들은 함께 모였고 또 흩어져 가정에서 모였다.** 하지만 지금의 공동체는 그날의 공동체보다 경직되어 있고 변화에 민감하지 않아 보인다. 한때, 소그룹과 대그룹의 두 날개로 날아오르던 교회는 밀랍이 녹아 바다에 떨어져 죽은 이카루스가 된 듯하다. 특히 비대면으로 모이는 시간이 길어지고 교회 안으로의 유입이 어려운 상황에서 많은 지역교회에서는 대그룹과 소그룹은 마치 더 이상 찾지 않는 브랜드 상품을 진열한 백화점의 매장처럼 보인다.

이제 새로운 두 날개가 더 필요하다. 초대교회는 구성원에 있어서 두 날개를 가진 교회였다. 유대인과 이방인이 그것이다. 필자는 유대인 그리스도인과 이방인 그리스도인이라는 두 날개가 지금의 현실에서 더욱 중요성을 가진다고 본다. 앞으로는 이주민 그리스도인의 참여와 리더십의 성장이 "함께 지어져 가는 교회"로 이어질 것이다. 그리고 서로는 서로에게 선의의 경쟁자가 되어 더욱 교회를 풍성하게 할 것이다.

필자는 지금의 교회가 대그룹과 소그룹 안에서 유대인과 이방인의 두 날개로 날았던 초대교회처럼 날아오르는 교회가 되길 소망한다.

에클레시아(교회) 공동체성의 회복과

공존하는 교회 세우기

ⓒ 허명호 · 김광영, 2025

초판 1쇄 발행 2025년 3월 11일

지은이	허명호 · 김광영
기획	극단유경
사진	사이토 슌스케
펴낸이	이기봉
편집	좋은땅 편집팀
펴낸곳	도서출판 좋은땅
주소	서울특별시 마포구 양화로12길 26 지월드빌딩 (서교동 395-7)
전화	02)374-8616~7
팩스	02)374-8614
이메일	gworldbook@naver.com
홈페이지	www.g-world.co.kr

ISBN   979-11-388-4070-5 (03230)